Dieter Sturma   **Philosophie des Geistes**

Im Mittelpunkt der Philosophie des Geistes steht die Frage *Was ist Bewusstsein?* Bei dem Versuch, die Frage zu beantworten, ist die Philosophie des Geistes auf das psychophysische Problem gestoßen. Es äußert sich in der Schwierigkeit, das konkrete Verhältnis zwischen psychischen und physischen Zuständen auf theoretisch angemessene Weise zu erfassen. Das psychophysische Problem hat im Verlauf der Philosophiegeschichte unterschiedliche Ausprägungen erfahren, die sich in der Gegenläufigkeit von Begriffen wie »Leib« und »Seele«, »Körper« und »Bewusstsein« oder »Ereignis« und »Erlebnis« zeigen.

Dieter Sturma schlägt in seiner Einführung einen Bogen von der klassischen Bewusstseinsphilosophie zu aktuellen Problemstellungen der Philosophie des Geistes. Dabei reicht das thematische Spektrum von der Auseinandersetzung mit dem psychophysischen Problem über Analysen von Phänomen wie Selbstbewusstsein, Intentionalität, Qualia und Fremdpsychischem bis zu aktuellen Fragen der Bioethik, Neurowissenschaften und der Erforschung künstlicher Intelligenz.

Dieter Sturma, geboren 1953, ist Professor für Philosophie an der Universität Duisburg-Essen.

Grundwissen Philosophie

Philosophie des Geistes

von

Dieter Sturma

© Reclam Verlag Leipzig, 2005
Reclam Bibliothek Leipzig, Band 20122
1. Auflage, 2005
Reihengestaltung Grundwissen Philosophie:
Gabriele Burde
Foto auf der Umschlagrückseite: privat
Gesetzt aus ITC Slimbach
Satz: Steffi Glauche, Leipzig
Druck und Bindung: Reclam, Ditzingen
Printed in Germany
ISBN 3-379-20122-7

www.reclam.de

Inhalt

Die Innenperspektive:
Selbstbewusstsein und Intentionalität

Selbstbewusstsein

*Außen- und Innenperspektive – die neuzeitliche Bewusstseins-
philosophie – Erkenntnistheorie und Philosophie des Selbstbewusstseins – das Prinzip der Innerlichkeit – Descartes' Cogito-
Argument – Descartes' Ausschließlichkeitsthese – Leibniz' Begriff
der Monade – Lockes Theorie personaler Identität – die substanz
philosophische Kritik von Leibniz, Butler und Reid – Humes Kritik
der Ichvorstellung – die Anonymisierung des ich denke – Kant
über Selbstreferenz und Selbstbewusstsein – der Abstieg vom »Ich«
zum »ich« – Selbstreferenz im Übergang – Bewusstsein als mögliches
Selbstbewusstsein – das doppelte Ich im Bewusstsein meiner selbst –
Wittgenstein über die eigenartige Grammatik des Ausdrucks »ich« –
analytische Philosophie des Selbstbewusstseins – Indikatoren und
Quasi-Indikatoren – Referenz und Selbstreferenz*

Fremdpsychisches

*Der methodische Zweifel – Analogieargumente – der Schritt vom
Selbst zum Anderen – der Blick des Anderen – P-Prädikate und
M-Prädikate – Alltagssprache*

Intentionalität

*Der Begriff der Intentionalität – das Intentionalitätsproblem – Phä-
nomenologie der Intentionalität – Intentionalität und Propositionalität – Mythos des Gegebenen und Introspektion – Erleben und
Wissen – Naturalisierung der Intentionalität – Intentionalität und
Interpretation – Erträge der Intentionalitätsanalysen – Intentionalität, Propositionalität und Repräsentationalität*

Qualia

*Der Begriff der Qualia – Qualia und Reduktionismusproblematik –
die Qualia-Debatte – Nagels Fledermausfrage – Jacksons Knowl-
edge-Argument – Erträge der Qualia-Debatte*

Geschichte und Problemstellungen der Philosophie des Geistes

Was unter »Philosophie des Geistes« verstanden wird, hängt stark von den jeweils gewählten methodischen und philosophiegeschichtlichen Ausgangspunkten ab. In einer ersten Annäherung kann gleichwohl gesagt werden, dass sich die Philosophie des Geistes ungeachtet der Vielzahl von Ansätzen mit den verschiedenen Ausdrucksformen des Bewusstseins auseinander setzt. Sie reichen von psychischen Zuständen und Akten bis zu kulturellen Prozessen und Institutionen. Die neuere Philosophie des Geistes thematisiert hauptsächlich das Bewusstsein von Personen – von Subjekten, die sich zu Gründen verhalten können.

Zu den Schwerpunkten der Philosophie des Geistes zählt zum einen die Bestimmung des Verhältnisses von Psychischem und Physischem. In der Philosophiegeschichte ist dieser Bereich unter den Titeln »Leib-Seele-Problem«, »Körper-Bewusstsein-Problem« sowie »psychophysisches Problem« behandelt worden. Zum anderen werden in der Philosophie des Geistes semantische und systematische Bewusstseinsanalysen durchgeführt, die sich Eigenschaften und Fähigkeiten des Bewusstseins wie Selbstreferenz, Selbstbewusstsein oder Intentionalität widmen. Als Grundproblem der Philosophie des Geistes insgesamt hat sich die Frage herauskristallisiert, in welcher Hinsicht sich Zustände ausdrücklichen Bewusstseins von Vorgängen unterscheiden, die nicht dem Bereich des Psychischen zugerechnet werden können. Diese Frage hat vor allem im Rahmen von interdisziplinären Vermittlungen und Auseinandersetzungen an Schärfe gewonnen.

Als eigenständige Disziplin weist die Philosophie des Geistes zwar eine vergleichsweise kurze Geschichte auf, die weitgehend auf die neuzeitliche Philosophie beschränkt ist. Sachliche Auseinandersetzungen mit dem Verhältnis von Psychischem und Physischem lassen sich gleichwohl bis in die Antike zurückverfolgen. Der Begriff des Geistes durchläuft dabei unterschiedliche semantische Felder, in denen sich sein Verhältnis zum Begriff des Bewusstseins verändert. Es finden sich synonyme Verwendungsweisen genauso wie solche, die den Ausdruck »Geist« allenfalls indirekt mit Formen menschlichen Bewusstseins in Verbindung bringen. Die Veränderungen hängen mit fortschreitenden semantischen Differenzierungen im Ausdruck menschlichen Selbstverständnisses zusammen. Ein eigenes egologisches Vokabular, das sich auf Innerlichkeit, Selbstbewusstsein und personale Identität richtet, bildet sich in einem langwierigen Entwicklungsprozess heraus, der in der Spätantike seinen Anfang nimmt und einen ersten Höhepunkt im 17. Jahrhundert erfährt. In dieser Zeit werden egologische Bestimmungen – wie »Ich« oder »Selbstbewusstsein« – als Grundbegriffe der Philosophie eingeführt, und es dauert noch ein weiteres Jahrhundert, bis sie Eingang in die Alltagssprache finden.

In der Philosophiegeschichte gibt es immer wieder Phasen, in denen die Beschäftigung mit »Geist« und »Bewusstsein« intensiver ausgefallen ist. Zu nennen sind die philosophische Formulierung des Leib-Seele-Problems in der Antike, die philosophische Entdeckung des Selbstbewusstseins in der rationalistischen und empiristischen Philosophie des 17. Jahrhunderts, die Entwicklung der Philosophie des Selbstbewusstseins und der Systeme der Philosophie des Geistes in der klassischen deutschen Philosophie, die Phänomenologie an der Wende vom 19. zum 20. Jahrhundert sowie die Entwicklung der analytischen *philosophy of mind* im 20. Jahrhundert. Im Zuge des *linguistic turn* gewinnt die Philosophie des Geistes als *philosophy of mind* in den Theoriekontexten der analytischen Philosophie ein eigenes disziplinäres Profil. Ihre Emanzipation als eigenständige Disziplin ist vor allem durch methodische Innovationen der sprachanalytischen Philosophie bedingt.

Eine konzeptionelle und terminologische Sonderstellung nimmt der deutsche Idealismus ein, der den Begriff des Geistes nicht bloß als Synonym für menschliches Bewusstsein oder die Dimension des Mentalen verwendet. Sein thematisches Spektrum ist dementsprechend weiter gefasst und erstreckt sich auch auf Phänomene im Bereich der Natur und des Sozialen. Im deutschen Idealismus werden umfassende Systeme der Philosophie des Geistes entworfen, die philosophiegeschichtlich jedoch keine Aufnahme finden. Neuere Ansätze der Philosophie des Geistes gehen mit systematischen Absichten auf diese Systeme nicht mehr ein.

In den vergangenen Jahrzehnten hat sich die Philosophie des Geistes zu einem Schwerpunkt philosophischer Forschung entwickelt. Philosophiegeschichtlich markiert dieser Aufstieg eine Zäsur. Mit ihm verbinden sich inhaltliche Verengungen, die mit neuen methodischen Vorgaben und interdisziplinären Herausforderungen einhergehen. Die Verengungen gehen zu Lasten ursprünglicher Themen der Philosophie des Geistes und betreffen auch Fragestellungen, die sich auf die Erkenntnistheorie, philosophische Anthropologie und Ethik erstrecken.

Die Ausklammerungen sind selten in kritischer Auseinandersetzung mit den älteren Positionen erfolgt. Aufgrund der methodischen Neuorientierungen in der Philosophie des 20. Jahrhunderts treten philosophiegeschichtliche Gesichtspunkte zurück. Gleichwohl bleibt der Großteil der Problemstellungen in der Philosophie des Geistes theoriegeschichtlich vermittelt und in den jeweiligen Formulierungen von der Bereitstellung eines spezifischen Vokabulars abhängig. Die Bedeutung klassischer Werke der Philosophie beruht nicht zuletzt auf ihrer innovativen Semantik. Die Philosophie des Geistes stellt in diesem Zusammenhang keine Ausnahme dar. Auch in ihr müssen die systematischen und die philosophiehistorischen Perspektiven über die Zeit hinweg aufeinander beziehbar bleiben. Die klassischen Werke bleiben somit auch in den Positionen präsent, deren Vertreter nichts mehr von ihnen wissen wollen.

Problemstellungen der Philosophie des Geistes müssen aus ihrer jeweiligen Entwicklung und theoretischen Konstellation heraus konzipiert werden, ansonsten droht die Gefahr, alte Fehler aufs Neue zu begehen und bereits gemachte Entdeckungen zu wiederholen. Das schließt auch die Überprüfung von verbreiteten Annahmen zu traditionellen Positionen ein, die immer wieder zum Gegenstand von ersichtlich unzutreffenden Charakterisierungen gemacht werden – das gilt etwa für bewusstseinsphilosophische Ansätze von Descartes, Leibniz oder Kant.

Der Blick auf die Philosophie des Geistes sollte sich nicht von vermeintlich revolutionären Entdeckungen in anderen Wissenschaftsbereichen ablenken lassen. Es hat sich gezeigt, dass mit der Aufmerksamkeit, die neue Ansätze auf sich gezogen haben, Ausblendungen einhergehen, die auch vor der neuzeitlichen Geschichte der Philosophie des Geistes nicht Halt machen. Die meisten Einführungen und Sammelbände erwähnen die traditionelle Bewusstseinsphilosophie von Descartes bis zur klassischen deutschen Philosophie allenfalls beiläufig und wenig wohlwollend. Die folgenden Rekonstruktionen sind von der Überzeugung getragen, dass diese Vernachlässigung die Philosophie des Geistes nicht an der Peripherie berührt, sondern im Kern trifft.

Die weiteren Überlegungen nehmen von einer Auffassung der Philosophie des Geistes ihren Ausgang, die das thematische Spektrum der traditionellen beziehungsweise neuzeitlichen Bewusstseinsphilosophie genauso einschließt wie gegenwärtige – interdisziplinär beeinflusste – Fragestellungen. Die jeweiligen Problemstellungen und Lösungsvorschläge sollen dabei sowohl in ihrer formalen Struktur als auch in ihren philosophiegeschichtlichen Bezügen kenntlich gemacht werden. Aufgrund der gebotenen Kürze ist eine Beschränkung auf systematisch entscheidende Weichenstellungen in der Philosophiegeschichte nicht zu vermeiden. Die thematische Engführung orientiert sich an dem psychophysischen Problem und Analysen der grundsätzlichen Strukturen menschlichen Bewusstseins. Schließlich soll vor dem Hintergrund der systematischen Rekonstruktionen auf neuere interdisziplinäre Herausforderungen sowie auf das noch kaum beachtete enge Verhältnis von Philosophie des Geistes und Bioethik eingegangen werden.

Die Außenperspektive:
Das psychophysische Problem

Erlebnisse und Ereignisse

Im systematischen Zentrum der Philosophie des Geistes steht das psychophysische Problem. Es äußert sich in der Schwierigkeit, das konkrete Verhältnis zwischen psychischen und physischen Zuständen auf theoretisch befriedigende Weise zu erfassen. Das psychophysische Problem hat im Laufe der Philosophiegeschichte unterschiedliche Ausprägungen erfahren, die sich im spannungsreichen Verhältnis zwischen Begriffen wie »Leib« und »Seele«, »Körper« und »Bewusstsein«, »physische Zustände« und »psychische Zustände« oder »Ereignis« und »Erlebnis« zeigen. Dabei ist der jeweilige semantische Zugriff für die spezifische Ausgestaltung des psychophysischen Problems von entscheidender Bedeutung. Die Begriffswahl präformiert den Gegenstandsbereich, indem sie andere semantische Optionen ausblendet und das thematische Spektrum verengt. Diese Einschränkungen können methodisch sinnvoll sein und müssen nicht von vornherein auf Eliminationen oder konstruktive Verstellungen des Phänomens menschlichen Bewusstseins hinauslaufen.

In der Geschichte der Philosophie des Geistes hat es immer wieder Grundbegriffe gegeben, die ihren Sinn und ihre Bedeutung verändert haben. Das gilt insbesondere für die Begriffe »Seele« und »Ich«, die in der Perspektive moderner Methoden der Philosophie des Geistes nur noch in metaphorischer Hinsicht anwendbar sind. Der Nachweis, dass Grundbegriffe aus semantischen und methodischen Gründen nicht länger haltbar sind, löst nicht das psychophysische Problem als solches. Wer den Begriff der Seele nicht für theoriefähig hält, hat sich nicht mehr mit einem Leib-Seele-Problem zu befassen, wohl aber noch das Verhältnis von Ereignissen und Erlebnissen zu klären. Ähnliches gilt für diejenigen, die eine klare Körper-Bewusstsein-Trennung nicht mehr akzeptieren wollen. Sie müssen zwar kein Körper-Bewusstsein-Problem mehr lösen, haben aber immer noch zu zeigen, wie Erlebnisse mit Ereignissen zusammenhängen. Schließlich müssen diejenigen, die glauben, es gebe gar kein psychophysisches Problem, erklären, wie es überhaupt möglich ist, dass einige materielle Entitäten sich bewusst auf andere materielle Entitäten beziehungsweise auf eine Gesamtheit von materiellen Entitäten beziehen. Selbst die Leugnung, dass es überhaupt psychische Phänomene gebe, die nicht ausschließlich physische Ereignisse seien, kann sich nur als psychischer Zustand vollziehen.

Einen frühen Ausdruck findet das psychophysische Problem im Leib-Seele-Problem der antiken und mittelalterlichen Philosophie. Die Frage nach dem Verhältnis von Leib und Seele berührt Sachverhalte, die auch noch in der neueren Philosophie des Geistes präsent sind. Das gilt vor allem für den Umgang mit den Unterschieden zwischen psychischen und physischen Zuständen.

Die antike Philosophie bietet unterschiedlichste Ansätze auf, um das Verhältnis von Seele und Leib philosophisch zu deuten. Während Platon (428/27–348/47 v. u. Z.) eine grundsätzliche Unabhängigkeit von Leib und Seele unterstellt, ist Aristoteles (384–322 v. u. Z.) darum bemüht, zwischen beiden Bestimmungen eine Beziehung herzustellen. Ihm gilt die Seele als Prinzip der Entfaltung eines lebendigen Körpers, die aufgrund ihrer Funktion an dessen Existenz gebunden bleibt. In dieser grundlegenden Bedeutung ist die Seele noch nicht Bewusstsein. Der aristotelische Ansatz hat zwar eine lange Wirkungsgeschichte, er hat sich jedoch nicht bis in die Hauptströmungen der gegenwärtigen Philosophie des Geistes durchgehalten.

Platon und Aristoteles werden gemeinhin als Vorläufer dualistischer und naturalistischer Theorien des Geistes angesehen. Daneben finden sich in der Antike atomistische oder holistische Ausprägungen des Naturalismus. Leukipp (geboren ca. 480/70 v. u. Z.), Demokrit (ca. 460–370 v. u. Z.) und Epikur (341–271 v. u. Z.) gehen davon aus, dass sich die Welt in kleinste Bestandteile mit eigenen Impulsen zerlegen lasse. Die durch Zenon von Kition (ca. 333–262 v. u. Z.) begründete Stoa orientiert sich zunächst an der Auffassung von Aristoteles, um dann eine umfassende Theorie zu entwerfen, der zufolge in Kosmos und Seele dieselben Gesetzmäßigkeiten wirksam sind.

Der Umgang mit den Unterschieden zwischen mentalen Zuständen und körperlichen Ereignissen ändert sich in der neuzeitlichen Philosophie grundlegend. Der neue Ansatz hängt mit der Herausbildung der modernen Erkenntnistheorie im 17. Jahrhundert zusammen, die bei der Untersuchung der Bedingungen menschlichen Erkennens die Bestimmungen des Subjekts und des Bewusstseins in das systematische Zentrum rückt. René Descartes (1596–1650) fasst diese erkenntnistheoretische Neuorientierung in der grundsätzlichen These zusammen, dass das Bewusstsein beziehungsweise der Geist leichter als der Körper zu erkennen sei.[1] Er formuliert damit auf einflussreiche Weise das Körper-Bewusstsein-Problem aus der Perspektive des Bewusstseins. Im Gegensatz zu diesem Ansatz konzentrieren sich empiristische und materialistische Positionen beim Körper-Bewusstsein-Problem vorrangig auf körperliche Phänomene. Dabei spielen Vorgaben aus der zeitgenössischen Naturwissenschaft eine bedeutsame Rolle. Das gilt vor allem für die Annahme der kausalen Geschlossenheit des Raums körperlicher Wirkungen und Wechselwirkungen.

Die Zielsetzung der neuzeitlichen Erkenntnistheorie, methodisch den Anschluss an die naturwissenschaftlichen Innovationen des 17. Jahrhunderts zu suchen, wirkt sich auch auf den philosophischen Umgang mit dem menschlichen Bewusstsein aus. Traditionelle Zugangsweisen werden nur insoweit übernommen, wie sie den methodischen Standards der so genannten exakten Wissenschaften nicht entgegenstehen. Damit wird eine Entwicklung wechselseitiger Beeinflussungen von Philosophie des Geistes und Naturwissenschaften eingeleitet, die sich mit einigen Unterbrechungen und methodischen Veränderungen bis heute durchhält.

Die Anfänge der neuzeitlichen Bewusstseinsphilosophie sind trotz ihrer Nähe zu naturwissenschaftlichen Problemstellungen zunächst nicht eliminativ ausgerichtet. Es wird nicht der Versuch unternommen, menschliches Bewusstsein ausschließlich dem Gegenstandsbereich zuzuordnen, den die Physik erfolgreich untersucht. Descartes nimmt in diesem Zusammenhang eine folgenreiche Unterscheidung vor: Er differenziert zwischen körperlichen und psychischen Zuständen und betrachtet sie zumindest in erkenntnistheoretischer Hinsicht als voneinander unabhängig. Während der Bereich der *res extensa*, der ausgedehnten Gegenstände beziehungsweise der Körper, vollständig in der Sprache der Physik identifiziert werden könne, verfüge der Bereich psychischer Phänomene über eine eigene Ausdrucksform.

Descartes' bewusstseinsphilosophische Entdeckung besteht darin, dass Selbstreferenz in Erfahrungs- und Erkenntnisprozessen eine besondere Rolle spielt. Einem Satz wie *Auf der Anhöhe steht ein Einhorn* wird im Normalfall mit guten Gründen die Geltung abgesprochen. Dagegen ist der modifizierte Satz *Ich glaube, dass auf der Anhöhe ein Einhorn steht* – wenn er denn authentisch formuliert worden ist – richtig und kann in dieser Form von einem äußeren Beobachter nicht korrigiert werden. Ihm steht lediglich offen, den Sachverhalt zu klären, ob sich auf der Anhöhe tatsächlich ein Einhorn befindet. Der Umstand, dass jemand glaubt, auf der Anhöhe stünde ein Einhorn, bleibt von der Klärung zunächst unberührt. Die selbstreferenzielle Einstellung ist immun gegenüber Irrtümern und von einem externen Standpunkt nicht unmittelbar korrigierbar. Es besteht nur die Möglichkeit, eine Person nachträglich davon zu überzeugen, dass auf der Anhöhe kein Einhorn gestanden haben kann.

Die besonderen Eigenschaften solcher Sätze über eigene psychische Einstellungen – formuliert in der ersten Person, Singular, Präsens, Indikativ, Aktiv – haben Descartes dazu bewogen, von der sachlichen und semantischen Unabhängigkeit der Begriffe »Bewusstsein« und »Körper« auszugehen. In dieser Unterscheidung findet das Körper-Bewusstsein-Problem seine Grundlegung, denn unter der Voraussetzung einer Differenz von mentalen und physischen Eigenschaften drängt sich die Frage auf, wie von der kausalen Geschlossenheit des Raums körperlicher Ereignisse ausgegangen werden kann, wenn doch andererseits Bewusstsein und Körper verschieden sein sollen.

Das Körper-Bewusstsein-Problem resultiert aus der Gegenläufigkeit einer Differenzthese, nach der Körper und Bewusstsein grundsätzlich verschieden sind, und einer Geschlossenheitsthese, der zufolge körperliche Veränderungen nach ausnahmslos naturwissenschaftlich erklärbaren Gesetzmäßigkeiten ablaufen. Wenn die Differenzthese Geltung beanspruchen kann, müsste es einige Phänomene geben, die nicht physikalistisch erklärt werden können. Gilt dagegen die Geschlossenheitsthese, können Körper und Bewusstsein nicht grundsätzlich voneinander verschieden sein und mentale Akte müssen sich prinzipiell wie physische Ereignisse vollziehen.

Die Geschlossenheitsthese verbindet sich häufig mit der Konzeption eines so genannten harten Determinismus, der in Gestalt einer grundsätzlichen Freiheitskritik auftritt. Dieser Konzeption zufolge müssen alle Handlungen letztlich als Ereignisse in einem kausal geschlossenen Raum aufgefasst werden. Die Annahme menschlicher Willensfreiheit wäre danach buchstäblich grundlos. Vor allem in weiten Bereichen der gegenwärtigen Neurophilosophie werden Geschlossenheitsthese, harter Determinismus und Kritik der Willensfreiheit in einen unmittelbaren Zusammenhang gebracht.

Es ist versucht worden, die Gegenläufigkeit zwischen den Begriffen »Körper« und »Bewusstsein« durch die Einführung einer Wechselwirkungsthese aufzuheben. Sie besagt, dass psychische und physische Zustände miteinander interagieren – was sich etwa bei Wahrnehmungen, Gefühlen und Handlungen zeigt. Der These liegt die Überzeugung zugrunde, dass in der Erfahrungswelt von Personen Bewusstsein und Körper sich wechselseitig beeinflussen. Aus dieser plausiblen Annahme ist jedoch keine vermittelnde Position zum Körper-Bewusstsein-Problem zu gewinnen. Die Wechselwirkungsthese kann nur unter der Voraussetzung einer Differenz zwischen Körper und Bewusstsein beziehungsweise einer Interaktion von Verschiedenem formuliert werden. Geht man nicht von einer solchen Differenz aus, wird lediglich der triviale Sachverhalt behauptet, dass Ereignisse wechselseitig aufeinander wirken. Wer die Wechselwirkungsthese als solche – in nichtmetaphorischer Weise – akzeptiert, unterstellt der Sache nach schon die Differenzthese.

Die Philosophie der Neuzeit reagiert auf das Körper-Bewusstsein-Problem sowohl mit dualistischen als auch mit monistischen Erklärungstypen. Während der Dualismus am Primat der Differenzthese festhält, geht der Monismus in seinen weit verbreiteten materialistischen Formen durchgängig von der Geschlossenheitsthese aus. Monistische Theorien können der formalen Struktur nach auch idealistisch ausgerichtet sein – wie sich etwa im Fall von George Berkeley (1685–1753), Johann Gottlieb Fichte (1762–1814), dem frühen Friedrich Wilhelm Joseph Schelling (1775–1854) oder Georg Wilhelm Friedrich Hegel (1770–1831) zeigt. In systematischer Hinsicht ist der idealistische Monismus allerdings ohne Einfluss auf die gegenwärtige Philosophie des Geistes geblieben.

Eine eigentümliche Verbindung von dualistischem und monistischem Erklärungstypus findet sich bei Descartes, der gemeinhin als Begründer des neuzeitlichen Dualismus gilt. Mit seiner Theorie der *res extensa* entfaltet er jedoch auch Grundlagen des materialistischen Monismus. Für den Bereich der ausgedehnten körperlichen Dinge unterstellt er die Geltung eines mechanistischen Weltbildes nach Maßgabe der

Geschlossenheitsthese.[2] Diesem Bereich müssen Descartes zufolge auch die belebten Körper zugerechnet werden. Sie seien zwar hoch kompliziert und unvergleichlich besser konstruiert als jede von Menschen hervorgebrachte Maschine, hinsichtlich ihres strukturellen Aufbaus könne aber kein grundsätzlicher Unterschied zu anderen körperlichen Dingen ausgemacht werden. Der menschliche Körper setze sich letztlich nur aus vielen nach festen Gesetzen funktional verbundenen Einzelteilen zusammen. Allerdings sieht Descartes den menschlichen Körper immerhin durch die Fähigkeit ausgezeichnet, Sprache und Vernunft zum Ausdruck zu bringen, was niemals durch andere maschinelle Vorgänge simuliert werden könne.

Es wäre insofern eine Verkürzung, Descartes ausschließlich als Begründer des neuzeitlichen Dualismus zu sehen. Vielmehr finden sich bei ihm sowohl dualistische als auch materialistische Theoriestücke. In seiner Philosophie des Geistes bleibt zwar insgesamt der dualistische Grundzug vorherrschend, er fällt aber gerade bei der näheren Bestimmung des Verhältnisses von Bewusstsein und menschlichem Körper weniger eindeutig aus, als gemeinhin unterstellt wird. Das menschliche Bewusstsein kann Descartes zufolge nicht aus den materiellen Veränderungen des menschlichen Körpers begreiflich gemacht werden, gleichwohl geht er von einem besonderen Verhältnis zwischen beiden aus. Er hebt ausdrücklich hervor, dass die Seele gerade nicht im Körper anwesend sei wie der Steuermann an Bord seines Schiffs. So könnten die für menschliche Personen eigentümlichen Gefühlsregungen ohne eine enge Verbindung zwischen ihrem Bewusstsein und ihrem Körper nicht zustande kommen.[3]

Bei Descartes stehen Differenz-, Geschlossenheits- und Wechselwirkungsthese letztlich unverbunden nebeneinander. Die für den Bereich der *res extensa* entworfene Weltsicht trägt überdies beträchtlich zur Verschärfung des Körper-Bewusstsein-Problems bei. In der Nachfolge Descartes' sind aus dem von seiner Philosophie zugespitzten Körper-Bewusstsein-

Problem weit reichende Konsequenzen gezogen worden. Unabhängig von grundsätzlichen methodischen Unterschieden hat sich die Ansicht herausgebildet, dass sich das Körper-Bewusstsein-Problem nicht durch Annäherungen oder Vermittlungen zwischen den Grundsatzthesen lösen lasse. Ihre deskriptive Grundlage findet diese Entschiedenheit in dem Sachverhalt, dass sich keine Übergänge oder Wechselwirkungen zwischen Psychischem und Physischem direkt beobachten lassen. Man befindet sich im Zuge der jeweiligen Untersuchungen und Erklärungen immer in dem einen *oder* dem anderen Bereich. Man kommt etwa bei der Analyse eines Wahrnehmungsaktes von konstitutiven Elementen der entsprechenden körperlichen Vorgänge nicht zum erlebten Gehalt und vom erlebten Gehalt nicht zu körperlichen Vorgängen. Es bleibt der Beobachtung unzugänglich, wie ein Ereignis zu einem Erlebnis wird oder wie sich ein Erlebnis *als* Ereignis manifestiert.

Das Fehlen eines deskriptiven Befundes für Übergänge zwischen Mentalem und Physischem hat in der Philosophie von Gottfried Wilhelm Leibniz (1646–1716) eine eigenwillige Ausdeutung gefunden. Die Kluft zwischen diesen beiden Bereichen verdeutlicht er mit einem Gedankenexperiment,[4] mit dem noch heute konzeptionelle Vorentscheidungen im Hinblick auf das Körper-Bewusstsein-Problem konturiert werden können. Hinter dem Gedankenexperiment verbirgt sich eine grundsätzliche Kritik an mechanistischen Ableitungen in der Philosophie des Geistes. Leibniz erwägt, ob es überhaupt möglich sei, Erlebnisse im kausal geschlossenen Raum der *res extensa* darzustellen. Er konstruiert den Fall einer Maschine, die empfinden, wahrnehmen und denken kann. Wenn man sich diese Maschine als so vergrößert vorstelle, dass man in ihr wie in einer Mühle umhergehen könne, habe man bei einer Besichtigung nur die einzelnen Teile der Maschine vor Augen. Nach Phänomenen, die bewusstes Erleben als solches einsichtig und verständlich machten, hielte man vergeblich Ausschau.

Leibniz' Gedankenexperiment zum Fehlen deskriptiver Übergänge zwischen Körpern und Erlebnissen macht den atomistischen Fehlschluss kenntlich, der durch die Annahme hervorgerufen wird, man könne Bewusstsein durch Zergliederung der materiellen Teile, die bei mentalen Prozessen offenbar beteiligt sind, auf die Spur kommen. In der gegenwärtigen Philosophie des Geistes wird die Erklärungslücke zwischen Erlebnissen und neuronalen Zuständen als schwieriges Problem *(hard problem)* bezeichnet.[5] Im Unterschied zum einfachen Problem *(easy problem)*, das im konzeptionell und experimentell gleichwohl komplizierten Nachweis der kausalen Rolle von neuronalen Zuständen und Ereignissen besteht, geht es beim schwierigen Problem – etwa beim Verhältnis von Erlebnissen und Ereignissen – um grundsätzliche Fragestellungen, die nicht auf dem Weg neurowissenschaftlicher Entdeckungen ausgeräumt werden können.

Leibniz nähert sich dem schwierigen Problem auf eine ihm eigentümliche Weise. Er verwirft die Wechselwirkungsthese und hält sowohl an der Differenz- wie an der Geschlossenheitsthese fest. Das Fehlen eines deskriptiven Befunds für die Übergänge zwischen Psychischem und Physischem interpretiert er als gegenseitige Abgeschlossenheit. Der menschliche Geist *(l'esprit)* sei fensterlos. In ihn dringe auf natürlichem Wege nichts von außen hinein. Die These von der Fensterlosigkeit der Monade versieht Leibniz auch mit der schwächeren Ausdeutung, dass es keine eindeutigen Beziehungen zwischen Bewusstseinsphänomenen und materiellen Vorgängen gebe. Er widerspricht mit Entschiedenheit der Annahme, man könne auf Seele, Bewusstsein oder Geist Spuren wie auf einem Stück Wachs hinterlassen. Wer so verfahre, behandele etwas als Körper, was gerade nicht körperlich verfasst sei, und begehe insofern eine Kategorienverwechslung.[6]

Leibniz charakterisiert mit kritischer Absicht bereits die Programmatik des materialistischen Monismus, die in der beschriebenen Form ausdrücklich von Thomas Hobbes (1588–1679) verfolgt worden ist. Dessen ontologische Position ist insgesamt durch die Überzeugung gekennzeichnet, dass alles, was der Fall sei, in körperlicher Bewegung bestehe. Von diesem Grundsatz könne der Bereich des Mentalen nicht ausgenommen werden. Es sei denn auch zu erwarten, dass eine Naturwissenschaft, die die Bewegung der Körper erfassen könne, letztlich auch in der Lage sei, die Akte und Zustände des Bewusstseins zu erklären.

Descartes' Begriff der *res cogitans* deutet Hobbes buchstäblich als *res*, als etwas Körperliches.[7] Seine Kritik richtet sich auf den Schwachpunkt dualistischer Ansätze, das Phänomen mentaler Verursachung nicht erklären zu können. Unter der Bedingung eines grundsätzlichen ontologischen Unterschieds zwischen *res cogitans* und *res extensa* bleibt die Voraussetzung einer kausalen Wechselwirkung in der Tat unplausibel. Descartes verschärft die Situation noch dadurch, dass er die *res cogitans* als immaterielle Substanz begreift. Hobbes wendet dagegen ein, dass Tätigkeiten nur von einem materiell bestimmten Subjekt ausgeführt werden können. Dementsprechend müsse auch das Denken konsequent als Akt einer denkenden Materie gedacht werden.

Eine weitere Ausformung findet der Monismus im französischen Materialismus, dessen Anhänger mit großer Entschiedenheit die Geschlossenheitsthese vertreten und weder die Differenzthese noch die Wechselwirkungsthese ernsthaft in Erwägung ziehen. Die Programmatik schlägt sich auf einflussreiche Weise bei Julien Offray de La Mettrie (1709–1751) nieder. Er versieht seinen materialistischen Monismus mit dem eingängigen Bild, dass die Natur in ihren Entwicklungsprozessen immer denselben Teig verwendet und lediglich die Hefe variiert habe.[8] Daher könne nicht unterstellt werden, dass der Mensch sich aus etwas im Vergleich zu allem Übrigen der Natur Wertvollerem zusammensetze.

Zwar operieren die französischen Materialisten insgesamt mit einer einfachen Form des Monismus, es fehlen aber keineswegs Differenzierungen, die auf andere theoretische Optionen verweisen. So bestimmt etwa Paul Thiry d'Holbach (1723–1789) den Menschen zunächst als ein rein physisches Wesen, um dann Einschränkungen vorzunehmen, denen zufolge der Mensch doch so verfasst sei, dass er aufgrund seiner Eigenschaften und Verhaltensweisen unter einem bestimmten Gesichtspunkt als moralisches Wesen erscheine.[9] Die Vertreter des französischen Materialismus verallgemeinern insofern ihre Doktrin des materialistischen Monismus nicht derart, dass sich der Mensch nach Maßgabe von einfachen physischen Veränderungen vollständig erklären ließe.

Im französischen Materialismus finden sich sogar Versuche, das Faktum bewussten Erlebens, das die Differenzthese so plausibel macht, metaphorisch in den monistischen Theorierahmen zu integrieren. Dieser Vorgang lässt sich bereits bei La Mettrie beobachten. Nachdem er die Vorstellung einer menschlichen Seele als durch und durch abwegig verworfen hat, führt er gleichwohl die Vorstellung einer erleuchteten Maschine *(une Machine bien éclairée)*[10] ein. Mit dieser eigentümlichen Metapher will er zweierlei erreichen: Sie soll zum einen verdeutlichen, dass die materialistische Doktrin letztlich nur die Konsequenz radikaler Aufklärung sei, und zum anderen hervorheben, dass der Mensch trotz seiner physischen Beschaffenheit eine besondere Stellung innerhalb der Welt der Dinge einnehme.

Der Umstand, dass der französische Materialismus Zuflucht zu Metaphern sucht, wenn sich innerhalb seines geschlossenen monistischen Systems Inkonsistenzen und Unbestimmtheiten zeigen, ist ein Zug, der sich immer wieder an theoretischen Ansätzen beobachten lässt, die mit formal einfachen Erklärungsmustern operieren. Sie versuchen so, die Bereiche umschreibend zu integrieren, die sie sonst deskriptiv und explikativ nicht mehr erreichen würden. Derartige metaphorische Wendungen sind denn auch in dem Sinne vielsagend, dass sie zumindest implizit Erklärungslücken einräumen.

Im Monismus des französischen Materialismus kommt ein Theorietypus zum Ausdruck, der auf die Problemstellungen der Philosophie des Geistes bis in die Gegenwart hinein eine beträchtliche Wirkung ausübt. In ihm manifestiert sich schon eine Naturalisierung des Geistes, wie sie insbesondere im 20. Jahrhundert in einflussreichen Ansätzen zu finden ist. Französischer Materialismus und neuere Versuche der Naturalisierung des Geistes teilen die erkenntnis- und wissenschaftstheoretischen Zielsetzungen. Ihnen geht es darum, die von traditionellen Ansätzen der Philosophie des Geistes methodisch erzeugten Verselbstständigungen ihres Gegenstandsbereichs wieder rückgängig zu machen. Vor allem an der älteren Philosophie des Geistes wird die metaphysische Ausrichtung kritisiert, die zu einem Verkennen der Natur geführt habe. Statt sich am Bereich des Sichtbaren zu orientieren, vernachlässige sie die Erfahrung und erbaue Systeme aus Hirngespinsten. Die materialistische Metaphysikkritik formuliert schließlich ein generelles Primat der Geschlossenheitsthese, die mit einer gleichermaßen einfachen wie weit reichenden naturalistischen Ausdeutung versehen wird.

Als Beleg für die Unhintergehbarkeit der Geschlossenheitsthese verweisen die französischen Materialisten auf die Erträge der Naturwissenschaften. An ihnen könne unschwer abgelesen werden, dass der Mensch nur ein untergeordneter Teil des Ganzen der Natur sei. Diese unterliege einem ständigen Veränderungsprozess, der alle Dinge nach festen Gesetzmäßigkeiten einbinde. Aus dieser Abhängigkeit folgt für den französischen Materialismus auch die Widersprüchlichkeit von emphatischen Freiheitsvorstellungen. Der Mensch habe nicht die Macht, sich den Gesetzmäßigkeiten der Natur zu entziehen. Alle Dinge müssten ihre Beschaffenheit verändern, wenn der Mensch wirklich frei sein sollte. Wer an solchen Vorstellungen festhalte, müsse den Menschen als ein unnatürliches Wesen im geschlossenen Raum des Natürlichen begreifen.

Im französischen Materialismus findet sich das, was man als deterministische Standardformel der Geschlossenheitsthese bezeichnen kann: Alles, was ist, wird aus kleinsten Elementen gebildet, die sich nach festen Gesetzen bewegen und verändern. Dabei wird ausdrücklich die Abhängigkeit der Makrowelt von der Mikrowelt herausgestellt: Der Mensch setze sich ausschließlich aus Atomen zusammen, deren Bewegungen sein Verhalten und sein Schicksal bestimmten.

Reduktion und Differenz

Aus den monistischen Grundüberzeugungen des französischen Materialismus sind im 20. Jahrhundert methodisch ausgefeilte Naturalisierungsprogramme entwickelt worden. Ansatzpunkt ist eine enge Auslegung des Naturalismusbegriffs. Im Unterschied zu traditionellen Versionen, die wie Aristoteles, die Stoa, Spinoza oder Schelling von einem holistischen Naturverständnis ihren Ausgang nehmen, orientieren sich die Naturalisierungsprogramme an der Wirklichkeitsauffassung der modernen Physik, der sie vor allen anderen wissenschaftlichen Disziplinen das Primat bei der Beantwortung der Frage nach dem, was es gibt, zuweisen. Es ist insbesondere Rudolf Carnap (1891–1970), der die Theoriefähigkeit wissenschaftlicher Aussagen von der Übersetzbarkeit in die Sprache der Physik abhängig macht. Er hebt hervor, dass sich der physikalistische Ansatz, im Unterschied zu traditionellen Ansätzen der Philosophie des Geistes, die durch eine ungeklärte Semantik und unschlüssige Argumentationsverfahren charakterisiert seien, auf identifizierbare Objekte, Ereignisse und Zustände sowie auf rechtfertigungsfähige Ableitungen beschränke. Das bringe den methodischen Gewinn ein, über eine geklärte Phänomenbasis und gesicherte Begründungen zu verfügen.[11]

Das Primat der Sprache der Physik bedeutet nicht, dass diese nunmehr in jeder wissenschaftlichen Disziplin zur Anwendung kommen müsse. Der logische Empirismus fordert lediglich, Begriffe und Aussagen in einer Weise auszulegen, die eine Zurückführbarkeit auf physikalistische Ausdrücke erlauben. Das Naturalisierungsprogramm des logischen Empirismus hat sich für die Philosophie des Geistes als überaus folgenreich erwiesen. Unter seinen Bedingungen kann über psychische Zustände nur auf der Grundlage von physischem Verhalten beziehungsweise physikalischen Vorgängen rechtfertigungsfähig befunden werden. Die Vertreter des logischen Empirismus räumen zwar ein, dass eine hinreichend komplexe Erfassung mentaler Phänomene noch nicht möglich sei. Sie erwarten jedoch, dass diesem Defizit auf empirischem Wege durch die Verbesserung der naturwissenschaftlichen Verfahren, die sich auf das menschliche Bewusstsein richten, abgeholfen werden könne.

Der methodische Ansatz des logischen Empirismus legt nahe, das Körper-Bewusstsein-Problem für ein Scheinproblem zu halten. Das hat zum einen mit seiner Ausrichtung an Theoriemodellen des materialistischen Monismus zu tun, zum anderen mit der Konzentration auf Fragen zur logischen Analyse beziehungsweise zu den formalen Beziehungen zwischen Ausdrücken für mentale Zustände und für physische Vorgänge.

Aus den Voraussetzungen des logischen Empirismus folgt jedoch nicht zwangsläufig, dass das Körper-Bewusstsein-Problem ein Pseudoproblem ist. Dieser Sachverhalt ist auch Vertretern des logischen Empirismus nicht verborgen geblieben. Herbert Feigl (1902–1988) etwa widerspricht der These vom Pseudoproblem ausdrücklich.[12] Auch wenn nicht in Abrede gestellt werden könne, dass die Philosophie des Geistes die Aufgabe habe, mentale Zustände auf physische Vorgänge zu beziehen, könne daraus noch nicht der Schluss gezogen werden, dass Sätze über mentale Zustände ohne Bedeutungsverlust in Sätze über physische Ereignisse transformierbar seien – eine Ansicht, die er in seiner frühen Double-language-Theorie selbst noch vertreten hat. Als Konsequenz seiner Diagnose, dass Sätze über mentale Zustände nicht ohne Bedeutungsverlust in Sätze über physische Zustände übersetzbar seien, sieht sich Feigl genötigt, seinen materialistischen

Monismus in eine Double-knowledge-Theorie zu erweitern, die unterschiedliche Zugangsweisen zum Bereich des Mentalen unterstellt. So müsse zwischen *raw feels*, die nur in der jeweiligen Erlebnisperspektive zugänglich seien, und entsprechenden physischen Vorgängen, die in der Perspektive der dritten Person identifizierbar sind, differenziert werden.

Für den materialistischen Monismus besteht das Problem darin, dass Erlebnisperspektive und physische Vorgänge nicht umstandslos zueinander in Beziehung gesetzt werden können. Feigl kritisiert in diesem Zusammenhang vorschnelle Identifizierungen und macht auf einen referenziellen Fehlschluss aufmerksam, den er zu seiner eigenen Verblüffung vor allem bei Vertretern der analytischen Philosophie entdeckt. Er liege darin, dass zwischen Anzeichen *(evidence)* und Bedeutung *(reference)* nicht unterschieden werde. Das führe schließlich zur Verwechslung der Bedeutung physikalistischer Bestimmungen mit der wahrgenommenen Erscheinungsweise entsprechender physischer Objekte. Der Versuch, den Satz *x hat die Farbwahrnehmung F* mit dem Bild einer Masse, die sich bei Öffnung des Schädels zeigen würde, zu identifizieren, sei schlicht unsinnig. Vielmehr müsse zwischen Farbwahrnehmungen oder Angstzuständen auf der einen Seite und beobachtbaren Gehirnaktivitäten auf der anderen Seite strikt unterschieden werden.

Der referenzielle Fehlschluss beruht darauf, dass Erlebnisse und die Art und Weise, in der Informationen über physische Vorgänge zugänglich sind, die den Erlebnissen zugrunde liegen, miteinander verwechselt werden. Das Festhalten am Unterschied zwischen mentalen Zuständen wie Farbwahrnehmungen oder Angstzuständen und begleitenden identifizierbaren Körperprozessen läuft im Übrigen nicht auf eine Rückkehr zu traditionellen dualistischen Positionen hinaus. Es wird lediglich eine Koreferenz von Ausdrücken für Erlebnisse und identifizierte Begleitprozesse angenommen. Feigl zufolge drückt sich im Faktum der Koreferenz letztlich nur die Natur unserer Welt und unser Verhältnis zu ihr aus.[13]

Die Koreferenz von Erlebnisbegriff und Sätzen über körperliche Vorgänge stellt noch keine hinreichend spezifizierte Erklärungsbasis für das Problem der mentalen Verursachung zur Verfügung. Gerade im Umfeld des logischen Empirismus ist zu Recht darauf hingewiesen worden, dass die konkrete Beantwortung der Frage, wie mentale Akte im Bereich körperlicher Ereignisse kausal wirksam sein können, für die Theoriefähigkeit einer Philosophie des Geistes entscheidend sei. Der physikalistische Monismus ist von der Überzeugung geprägt, dass eine Beantwortung allein innerhalb eines theoretischen Rahmens erfolgen könne, der sich an der Sprache und den Theoriemodellen der Naturwissenschaften ausrichte.

Der Gedanke der Koreferenz von Erlebnissen und Ausdrücken für physikalische Vorgänge erweitert die Geschlossenheitsthese um Bestimmungen einer Doppelaspekttheorie. Sie geht von einem monistischen Weltbild aus, hält aber daran fest, dass im Rahmen des Monismus Bestimmungen für Erlebnisse nicht eliminierbar seien. Letztlich lässt der Gedanke der Koreferenz offen, wie die Beziehung zwischen Erlebnisbegriff und Ausdrücken für physikalische Vorgänge von den zukünftigen Neurowissenschaften hergestellt werden kann. Feigl setzt in der Philosophie des Geistes auf naturwissenschaftliche Fortschritte. Gleichwohl bezweifelt er, dass es klare gesetzesartige Verbindungen zwischen Erlebnissen und deskriptiv zugänglichen Phänomenen im Bereich körperlicher Objekte und Ereignisse geben könne. Er spricht in diesem Zusammenhang von nomologischen Irrläufern (*nomological danglers*).

Feigls Annahme von nomologischen Irrläufern hat ersichtlich die Theorie des anomalen Monismus von Donald Davidson (1917–2003) beeinflusst, die die Möglichkeit von psychophysischen Gesetzen im strengen nomologischen Sinne bestreitet.[14] Im Unterschied zu anderen Ereignissen zeige sich an Wahrnehmungen, Beobachtungen oder Berechnungen, dass zumindest ein Teilbereich des Mentalen mit dem Bereich des

Physischen in einer kausalen Beziehung stehe. Wo Kausalität vorliege, müsse es aber auch ein Gesetz geben. Weil aber Davidson – genauso wie Feigl – nicht unterstellt, dass das Mentale vollständig auf das Physische zurückführbar sei, ergibt sich die Anomalie, dass es offenbar keine im engeren Sinne deterministischen Gesetze gebe, auf deren Basis sich mentale Akte und Zustände wie physische Ereignisse vorhersagen und erklären ließen. Feigl und Davidson beziehen einen monistischen Standpunkt. Sie stellen weder die Geschlossenheitsthese noch die Abhängigkeit des Mentalen vom Physischen in Abrede. Sie bestreiten lediglich die Möglichkeit psychophysischer Gesetze.

Andere Vertreter der monistischen Philosophie des Geistes haben die Voraussetzung nomologischer Irrläufer entschieden abgelehnt und darin ein Aufweichen der Grundposition des materialistischen Monismus gesehen. Vor allem U. T. Place (1924–2000) und J. J. C. Smart (*1920), die zusammen mit Feigl der so genannten Identitätstheorie zugerechnet werden, identifizieren mentale Zustände durchgängig mit Gehirnzuständen. Smart verweist in seiner Kritik an der Voraussetzung nomologischer Irrläufer auf die bewährte Praxis der Naturwissenschaften, Vorgänge in der Makrowelt auf Prozesse in der Mikrowelt zurückzuführen. Diese Reduktion wird von identitätstheoretischer Seite als praktische Bestätigung der Geschlossenheitsthese betrachtet. In der Annahme von nomologischen Irrläufern wird eine Außerkraftsetzung der Geschlossenheitsthese gesehen. Es sei einfach nicht nachvollziehbar, dass sich alle Ereignisse der Welt nach Maßgabe von naturwissenschaftlichen Erklärungen, insbesondere der Physik und Biologie, erfassen ließen und nur mentale Akte und Zustände davon ausgenommen werden müssten.

Wenn mentale Zustände unmittelbar als Gehirnprozesse identifiziert werden könnten, hätte das weit reichende Folgen für den Umgang mit psychologischen Ausdrücken in der Alltagserfahrung. Diese bezögen sich dann nämlich in einer unklaren Weise und bestenfalls vorbehaltlich auf Sachverhalte, die nur von neurowissenschaftlichen Theorien rechtfertigungsfähig thematisierbar wären. Diese Folgerung wird ausdrücklich vom so genannten eliminativen Materialismus gezogen, der vor allem von Paul Feyerabend (1924–1994), Richard Rorty (*1931)[15], Paul M. Churchland (*1942) und Patricia S. Churchland (*1943) einflussreich vertreten worden ist beziehungsweise vertreten wird.

Die Sprache intersubjektiver Selbstverständigungen ist dem eliminativen Materialismus zufolge letztlich eine Art Theorie, die lebenspraktisch Antworten auf die Frage, was es gibt, bereitstellt. Für den Bereich menschlichen Bewusstseins seien aber die Neurowissenschaften die bessere Theorie, die zudem im Unterschied zu alltagspsychologischen Vermutungen naturwissenschaftlich überprüft und begründet werden könne.

Die Vertreter des eliminativen Materialismus erwarten, dass das psychologische Vokabular der Alltagserfahrung nach und nach durch die sich weiter differenzierende Terminologie der Neurowissenschaften ersetzt wird. Den Vorwurf, dass diese Ersetzungsannahmen bewährten Intuitionen der Alltagserfahrung widersprächen, weist Patricia Churchland mit dem Hinweis zurück, dass die Wissenschaftsgeschichte eine Fülle von Entdeckungen enthalte, die zunächst als buchstäblich unvorstellbar gegolten hätten. Insbesondere die Neurowissenschaften hätten Einsichten in die neuronalen Mechanismen des Gehirns hervorgebracht, die von skeptischer Seite für unmöglich gehalten worden seien. Aufgrund dieser Entwicklungen könne man mit guten Gründen davon ausgehen, dass in den Neurowissenschaften der mentalen Akten und Zuständen zugrunde liegende Mechanismus aufgeklärt werde. In der materialistischen Version der Geschlossenheitsthese müsse vor dem Hintergrund der Erklärungsnot traditioneller Ansätze die beste der zur Verfügung stehenden Theorien gesehen werden. Patricia Churchland spricht davon, dass der Materialismus höchstwahrscheinlich wahr sei.

Der eliminative Materialismus unterstellt einen direkten Zusammenhang zwischen der Kritik an den vermeintlichen Vor-urteilen der Alltagserfahrung und den Prognosen zur weite-ren wissenschaftlichen Entwicklung. Es dürfte unstrittig sein, dass sich hinter den alltagssprachlichen Verwendungsweisen von Ausdrücken für mentale Zustände weit reichende ontolo-gische Hypothesen verbergen, die zu Recht philosophische Nachfragen und erkenntnistheoretische Kritik hervorrufen. Die Alltagssprache konstruiert Sachverhalte, die sich nicht unmittelbar auf eindeutig identifizierbare Gegenstände oder Ereignisse abbilden lassen. Gerade bei Ausdrücken für psy-chische Zustände und Selbstverhältnisse des Bewusstseins tritt ihr konstruktiver Zug deutlich zutage. Für Ausdrücke wie »glauben«, »wissen«, »wünschen«, »fürchten«, »nachdenken« gibt es keine Entsprechungen im Bereich sprachunabhän-giger Ereignisse, die den Sprachgebrauch direkt bestätigen könnten. Zudem ist die Alltagssprache von Begriffen durch-setzt, die ihren Ursprung in philosophischen Theorien haben, die ihrerseits von einer Vielzahl semantischer und metho-discher Vorentscheidungen abhängig sind. Das gilt etwa für Bestimmungen wie »Seele«, »Selbst«, »Ich«, »Person«, »Selbst-bewusstsein«, »Bewusstsein« oder »Unbewusstes«. Bevor diese Bestimmungen Eingang in die Alltagssprache finden, durchlaufen sie eine Begriffsgeschichte, die in hohem Maße theorieabhängig ist.

Während der Ausdruck »Seele« sein begriffliches Profil aus-schließlich in metaphysischen Theorien gewinnt, durchläuft der Begriff der Person eine Vielzahl unterschiedlicher seman-tischer Phasen, die von Selbstverständigungen in der Antike, in der mittelalterlichen Metaphysik sowie im neuzeitlichen Rationalismus und Empirismus bestimmt werden. Schließ-lich hängen die Ausdrucksformen der Selbstverhältnisse von erkenntnistheoretischen Entwicklungen in der neuzeitlichen Philosophie ab, die wiederum von kulturgeschichtlichen Vorgängen beeinflusst werden. Die internen Zusammen-hänge von Theorie und Semantik kennzeichnen eine späte Phase der Entwicklung menschlichen Bewusstseins, die in der philosophischen Reflexion interpretiert und weitergeführt wird.

Bei Ausdrücken, die aus theoretischen Kontexten in die Alltagserfahrung eingehen, ist in erkenntnis- und sprachkritischer Hinsicht Aufmerksamkeit geboten. Daraus lässt sich jedoch noch kein zwingendes Argument für die starken materialistischen Vorbehalte gegenüber der Alltagssprache gewinnen. Der Sachverhalt, dass die Referenz mentalistischer Ausdrücke unbestimmt ist, bleibt für die Verfahrensweisen des eliminativen Materialismus bestehen. Er muss mit Modellbildungen und Hypothesen operieren, die er innerhalb seines eigenen theoretischen Rahmens nicht konstruktionsunabhängig begründen kann. Insofern beruhen auch die von physikalistischer oder neurowissenschaftlicher Seite vorgebrachten Aussagen auf Begriffs- und Modellbildungen, die ihrerseits theorieabhängig sind.

An der materialistischen Kritik der Alltagssprache zeigt sich ein Grundzug der Verteidigung der Geschlossenheitsthese. Er besteht in dem prognostischen Argument, auf das bereits die Identitätstheorie zurückgegriffen hat und das gegenwärtig neurowissenschaftliche Ansätze benutzen. Diesem Argument zufolge hat die naturwissenschaftliche Erforschung menschlichen Bewusstseins mittlerweile einen derart avancierten Stand erreicht, dass bestehende Erklärungslücken den Status eines prinzipiellen Hindernisses verloren haben. Es könne davon ausgegangen werden, dass sie angesichts des weiteren Fortschritts vergleichsweise leicht zu schließen seien.

Das prognostische Argument ist allerdings mit zwei Schwierigkeiten belastet. Zum einen enthält es Annahmen über Erträge zukünftiger Entwicklungen, die trivialerweise weder in ihrem Verlauf noch in ihren Resultaten wirklich voraussagbar sind. Unabhängig davon, ob das prognostische Argument von einem angemessenen Verständnis der wissenschaftlichen Situation ausgeht, ist es überaus zweifelhaft, dass es größere Zeiträume konstruktiv beherrschen kann. Denn kleinste Veränderungen in den Anfangsbedingungen entwickeln sich über die Zeit hinweg zu exponential anwachsenden Abweichungen von den ursprünglich konstruierten Entwicklungslinien. Zum anderen zielt das prognostische Argument auf die eliminativistische Version der generalisierenden Aussage, dass alle Erlebnisse nichts anderes als Ereignisse seien. Danach müsste sich im Laufe der naturwissenschaftlichen Erforschung menschlichen Bewusstseins herausstellen, dass jedes Erlebnis letztlich als Ereignis verstehbar sei. Die Zurückführbarkeit von Erlebnissen auf Ereignisse wäre demnach aber erst das Resultat einer Vielzahl von empirischen Untersuchungen, Modellbildungen und Experimenten, deren Ausgang eben noch nicht von vornherein feststehen kann.

Die Aussage, dass alle Erlebnisse Ereignisse seien, ist auch vom Standpunkt der Alltagserfahrung aus betrachtet keineswegs unplausibel. Erlebnisse gehen offensichtlich mit Gehirnprozessen einher. Es wird gemeinhin nicht erwartet, dass gravierende Verletzungen des Gehirns ohne Auswirkungen auf das bewusste Erleben der betroffenen Person bleiben. Die grundlegende Bedeutung von Gehirnprozessen für Erlebnisse muss jedoch nicht auf die eliminativistische Version der Geschlossenheitsthese hinauslaufen, die einen eindeutigen nomologischen Zusammenhang von Erlebnissen und Ereignissen unterstellt beziehungsweise Erlebnisse als Ereignisse behandelt. Widerspricht man der Behauptung, dass der Bereich der Ereignisse im Sinne des Physikalismus kausal geschlossen sei, schließt dies keineswegs die Annahme aus, dass Erlebnisse auch Ereignisse seien. Die Vertreter der Differenzthese stellen lediglich die Eindeutigkeit des nomologischen Zusammenhangs in Abrede.

Der Versuch, den Eliminativismus zu vermeiden, ohne auf Positionen einer dualistischen Ontologie zurückgreifen zu müssen, kennzeichnet neuere Ansätze, die in dem vom französischen Materialismus des 18. Jahrhunderts zum neurowissenschaftlichen Reduktionismus der Gegenwart führenden Theorieweg gravierende erkenntnistheoretische Lücken

ausmachen. Der Grund für diese Lücken wird in der Über-
interpretation beziehungsweise Überbewertung der Geschlossenheitsthese gesehen, was zu einer Vernachlässigung
oder Ausklammerung der Differenz- und Wechselwirkungsthese geführt habe.

Die Unhintergehbarkeit von Differenz- und Wechselwirkungsthese im engeren Sinne ergibt sich für die neuere Mate-
rialismuskritik unmittelbar aus dem Unterschied zwischen
dem Standpunkt der ersten Person und dem der dritten Person. Es wird entschieden bestritten, dass die vom Standpunkt
der dritten Person unzugängliche Erlebnisperspektive eine
vernachlässigbare Begleiterscheinung sei, die bei wissenschaftlichen Untersuchungen einfach ausgeklammert werden
könne. Schwierigkeiten mit derartigen Ausklammerungen
haben sich bereits bei den Versuchen abgezeichnet, Sätze
über mentale Zustände in Sätze über physische Ereignisse zu
übersetzen. Die Unhintergehbarkeitsthese leitet sich aber
nicht nur aus der semantischen Nicht-Übersetzbarkeit ab,
sondern behandelt die Erlebnisperspektive als eine Tatsache,
die ihrerseits wissenschaftlich zu thematisieren sei.

Zur Stützung der Unhintergehbarkeitsthese sind in der neueren Philosophie des Geistes eine Reihe von nichtelimi-
nativistischen Theoriestücken entwickelt worden, die die
Unvollständigkeit physikalistischer Weltbeschreibungen herausarbeiten. Mit Unvollständigkeitsargumenten soll gezeigt
werden, dass Theoriemodelle des Materialismus oder Physikalismus vom konstruktiven Ansatz her Phänomene und
Sachverhalte ausklammern, die der Sache nach gerade nicht
aus einer phänomengerechten Weltbeschreibung eliminiert
werden dürfen.

Großen Einfluss bei der konzeptionellen Entfaltung von Unhintergehbarkeitsthese und Unvollständigkeitsargument haben Überlegungen von Thomas Nagel (*1937) ausgeübt. Im
Rahmen seiner viel beachteten Physikalismuskritik wirft
er die mittlerweile berühmte Frage *What is it like to be a
bat?* auf.[16] Mit dieser Frage will er die Grenzen physikalis-

tischer Weltbeschreibungen konturieren. Fledermäuse verfügen über einen sensorischen Apparat, der vom menschlichen Wahrnehmungsvermögen ersichtlich verschieden ist. Die physiologischen Besonderheiten der Wahrnehmung und des Verhaltens von Fledermäusen sind naturwissenschaftlich darstellbar und erklärbar. Die Frage, wie es ist, eine Fledermaus zu sein, bleibt bei naturwissenschaftlichen Untersuchungen ausgeklammert. Unter den Daten und Resultaten der Naturwissenschaften kommt kein Sachverhalt vor, mit dem sich diese Frage beantworten ließe. Es kann offenbar nicht einmal in Ansätzen der interne Zustand entwickelter Säugetiere thematisiert werden, die sich in ihrer Umwelt auf gänzlich andere Weise als Menschen orientieren. Weil Fledermäuse aber mit Menschen eine Reihe von Zuständen wie Hunger, Schmerz oder Angst teilen, ist zumindest in eingeschränkter Hinsicht von einer Ähnlichkeit beziehungsweise Vergleichbarkeit beider Lebensformen auszugehen. Aus Ähnlichkeit und Nicht-Thematisierbarkeit ist zweierlei zu entnehmen: Es gibt Perspektiven wahrnehmenden und empfindenden Lebens, die sich von der menschlichen Lebensform deutlich unterscheiden. Diese Perspektiven sind Tatsachen der Welt der Ereignisse und können dennoch nicht von physikalistischer Seite identifiziert werden.

Nagels Überlegungen zur internen Qualität mentaler Zustände zielen nicht nur auf die Erlebnisperspektive von Personen. Sein Unvollständigkeitsargument betrifft letztlich jede Lebensform, mit der sich Empfindungs- und Aufmerksamkeitszustände verbinden. Der Standpunkt der menschlichen Person nimmt in diesem Zusammenhang aber eine Sonderstellung ein. Ihre Erlebnisperspektive ist die eines ausdrücklich selbstbewussten Lebens, das sich in dieser Weise bei anderen bekannten Lebensformen nicht zeigt. Weil dem Fledermausargument zufolge alle Perspektiven des Erlebens von außen verschlossen bleiben, ist es unter seinen Bedingungen nicht möglich, die Perspektive selbstbewussten Lebens deutlich herauszuarbeiten.

Der Nachweis der Unvollständigkeit physikalistischer Welterklärungen zieht diese nicht insgesamt in Zweifel. Es ist nicht zu bestreiten, dass die physikalistische Ontologie wesentliche Bereiche der Wirklichkeit angemessen erfasst. Auch läuft das Unvollständigkeitsargument nicht auf eine Rückkehr zum Dualismus hinaus, vielmehr wird die Konzeption einer objektiven Phänomenologie angestrebt, die die Differenzthese vom Ansatz her in einen monistischen Theorierahmen einbettet. Der Umstand, dass ein Typus mentaler Zustände nicht physikalistisch beschrieben werden kann, nimmt ihm noch nicht den Status einer Tatsache in der Welt der Ereignisse.

Die Verteidigung der Differenzthese durch neuere Ansätze verbleibt bis auf wenige Ausnahmen innerhalb einer monistischen Ontologie. Sie wird lediglich um erkenntnistheoretische Reflexionen erweitert, die grundsätzliche Unterschiede in den jeweiligen Zugangsweisen für das herausarbeiten, was physisch oder psychisch der Fall ist. Im Zentrum der Erweiterungen stehen Überlegungen zu Selbstreferenz und Selbstverhältnissen. Es ist auffällig geworden, dass beträchtliche Schwierigkeiten auftreten, wenn sich das reflektierende Bewusstsein sich selbst zuwendet, um das Verhältnis zu seinen mentalen Akten und physischen Abhängigkeiten zu klären. Bereits Nagels Unvollständigkeitsargument deutet an, dass bestimmte mentale Phänomene nur in der jeweils betroffenen Perspektive zugänglich sind. Jede wissenschaftliche Beschreibung oder Erklärung läuft zwar auf eine Abstraktion von subjektiven beziehungsweise partikularen Standpunkten hinaus. Diese Einschränkung wirkt sich beim psychophysischen Problem aber deswegen so überaus nachteilig aus, weil Erlebnisse ohne subjektive Perspektiven gar nicht vorliegen können. Im Fall von Erlebnisanalysen haben Abstraktionen konstruktive Verstellungen zur Folge. Sie blenden vom methodischen Ansatz her gerade die Phänomene aus, die den Kern der selbstbewussten Lebensform ausmachen.

Im Rahmen der Wiedererwägung der Differenzthese in der

neueren Philosophie des Geistes hat auch Leibniz' Entdeckung, dass es keinen deskriptiven Befund für den Übergang zwischen Erlebnissen und Ereignissen gebe, Berücksichtigung gefunden. Insbesondere Colin McGinn (*1950) hat zwei Argumente entwickelt, die die Differenzthese unter den Bedingungen eines monistischen beziehungsweise naturalistischen Ansatzes verständlich machen sollen.[17] Das entscheidende Problem besteht für ihn in der Frage nach der Abhängigkeit bewusster Zustände von Gehirnprozessen. Materialistische Ableitungen erscheinen ihm insgesamt unbefriedigend, weil sie dazu führen, die ersichtlichen Unterschiede zwischen Bewusstseinszuständen und neuronalen Vorgängen zu verschleiern. Auch wenn man in diesem Zusammenhang einen biologischen Standpunkt beziehen wolle, sei einzugestehen, dass sich ein Organ wie das menschliche Gehirn in Ausprägung und Funktion deutlich von allen anderen Organen abhebe. Angesichts der verwickelten Problemstellung schlägt McGinn eine einfache Lösung vor: Wenn man zu keinen wundersamen Erklärungen Zuflucht nehmen und an einer naturalistischen Weltsicht festhalten wolle, dann müsse eben akzeptiert werden, dass wir von Natur aus nicht mit der Fähigkeit ausgestattet seien, genauer zu entwirren, in welcher Hinsicht neuronale Vorgänge bewusstes Erleben bestimmen. Unsere kognitive Ausstattung befähige uns einfach nicht, konkrete Verbindungen von Erlebnissen und Ereignissen zu erfassen. Den Grund für diesen Sachverhalt sieht McGinn in Präformationen des menschlichen Wahrnehmungsvermögens.

Die Eigenschaft, sich in Zuständen bewussten Erlebens zu befinden, ist McGinns Überlegungen zufolge nicht an Gehirnvorgängen beobachtbar. Man könne sehr wohl mit technischer Hilfe neuronale Prozesse an sich und anderen Personen beobachten. Nur seien diese Beobachtungen nicht ausreichend, um uns in irgendeiner Weise Aufschluss darüber zu geben, wie es ist, sich in Zuständen ausdrücklichen Bewusstseins zu befinden. McGinn leitet aus dieser Erklärungslücke die These kognitiver Abgeschlossenheit ab. Danach sind psychophysische Eigenschaften der menschlichen Wahrnehmung unzugänglich. Sie können als solche auch nicht mittels anderer beobachtbarer Daten erschlossen werden. McGinns Abgeschlossenheitsthese beruht letztlich auf einer naturalistischen Hypothese, die die Differenzthese als Faktum der Natur behandelt. Der Sache nach führt sie Leibniz' Entdeckung des fehlenden deskriptiven Befundes mit Feigls Kritik am referenziellen Fehlschluss zusammen.

Die gegenwärtigen Bemühungen um eine rechtfertigungsfähige Konzeption der Differenzthese zielen darauf, sich der starren Entgegensetzung von physikalistisch ausgerichteten Eliminationsverfahren einerseits und dem Festhalten am erkenntnistheoretischen Unterschied zwischen Erlebnissen und Ereignissen andererseits zu entziehen. Die Geltung des Physikalismus wird nicht grundsätzlich in Abrede gestellt. Es geht vielmehr um den Nachweis, dass eine enge Ausdeutung des Physikalismus für eine umfassende und phänomengerechte Weltbeschreibung nicht geeignet ist. Die Bemühungen laufen vielfach auf die Konzeption einer Doppelaspekttheorie hinaus, die einen ontologischen Naturalismus mit einem erkenntnistheoretischen Dualismus verbindet. Die Doppelaspekttheorie hat Vorläufer in naturalistischen Ansätzen der mittleren Stoa und erfährt bei Baruch de Spinoza (1632–1677) eine erste systematische Durcharbeitung. In der gegenwärtigen Philosophie des Geistes finden sich Argumentationsstücke der Doppelaspekttheorie unter anderem bei Herbert Feigl, Wilfrid Sellars (1912–1989), Peter F. Strawson (*1919), Thomas Nagel, John McDowell (*1942) und Colin McGinn.

Die Doppelaspekttheorie hält an der ontologischen Einheit der Wirklichkeit fest. In erkenntnistheoretischer Hinsicht weist sie Physisches wie Psychisches gleichermaßen als irreduzibel beziehungsweise nichteliminierbar aus. Der Irreduzibilitätsthese zufolge würden Weltbeschreibungen auf unzulässige Weise vereinfacht, wenn sie nicht beide Elemente enthielten. In der Perspektive der Doppelaspekttheorie sind

Konstellationen vorstellbar, die Differenz-, Wechselwirkungs- und Geschlossenheitsthese in einen systematischen Zusammenhang bringen. Der Ansatz der Doppelaspekttheorie ist philosophiegeschichtlich allerdings unkonturiert geblieben und ist auch für die gegenwärtigen Debatten nicht zentral. Mit den Optionen der Doppelaspekttheorie zeichnen sich aber immerhin Möglichkeiten ab, der Gegenläufigkeit von Differenz- und Geschlossenheitsthese die konzeptionelle Härte zu nehmen.

Um die ontologischen Optionen der Philosophie des Geistes erweitern und verfeinern zu können, ist auf die Bestimmungen der Emergenz und Supervenienz zurückgegriffen worden. Der Begriff der Emergenz bezieht sich auf qualitative Entwicklungen, die nicht aus graduellen Veränderungen erklärt werden können. Zu Anfang des 20. Jahrhunderts wird der Begriff vor allem in Auseinandersetzungen mit der Evolutionstheorie verwendet. Emergente Eigenschaften sind danach nicht auf der Basis bekannter Eigenschaften voraussagbar. Ein Beispiel für Emergenz wäre die Entstehung von Leben aus unbelebter Natur. Für den Begriff der Emergenz ist die Differenzierung zwischen niederen und höheren beziehungsweise einfachen und komplexen Ebenen charakteristisch. Mit der Unterscheidung soll das Auftauchen neuer Eigenschaften erkenntnistheoretisch erfasst werden.

Der Begriff der Emergenz ist in den letzten Jahrzehnten auch in der Philosophie des Geistes auf Interesse gestoßen.[18] Der Gedanke einer nicht vorhersagbaren, gleichwohl qualitativ ausgezeichneten Entwicklung bietet sich an, um nichteliminativistische Zugänge zum psychophysischen Problem zu stützen. Könnte menschliches Bewusstsein rechtfertigungsfähig als emergentes Phänomen begriffen werden, wäre es möglich, von unter bestimmten materiellen Bedingungen auftretenden neuen mentalen Eigenschaften auszugehen, ohne die Geltung des Physikalismus in Abrede zu stellen. Daher müsste weder die Differenzthese noch die Geschlossenheitsthese aufgegeben werden.

Die Anwendung des Begriffs der Supervenienz weist strukturelle Ähnlichkeiten mit der des Begriffs der Emergenz auf. Auch der Begriff der Supervenienz wird dazu eingesetzt, das Verhältnis von Physischem und Psychischem mit einer Interpretation zu versehen, die die Geschlossenheitsthese und die Differenzthese aufeinander bezieht. Der Begriff stammt ursprünglich aus der Metaethik und ist von Davidson in seiner Theorie des anomalen Monismus auf das Verhältnis von psychischen Akten und physischen Ereignissen übertragen worden. Die Philosophie des Geistes drückt mit diesem Terminus die Abhängigkeit psychischer Eigenschaften von physischen Eigenschaften aus.[19]

Der Supervenienzthese zufolge entsprechen den Veränderungen in den psychischen Eigenschaften von Personen immer auch Veränderungen in ihren physischen Eigenschaften. In der neueren Philosophie des Geistes hat diese These verschiedene Ausprägungen gefunden. Mit dem Begriff der schwachen Supervenienz wird lediglich unterstellt, dass es keine Wesen gebe, die sich in ihren psychischen Eigenschaften unterscheiden, ohne sich auch in ihren physischen Eigenschaften zu unterscheiden. Starker Supervenienz liegt die Annahme zugrunde, dass in allen möglichen Welten eine spezifische Abhängigkeit psychischer Eigenschaften von physischen Eigenschaften gilt. Schließlich wird von globaler Supervenienz gesprochen, wenn davon ausgegangen wird, dass in jeder möglichen Welt dieselben Abhängigkeiten psychischer Eigenschaften von physischen Eigenschaften herrschen.

Mit dem Begriff der Supervenienz verbindet sich die Erwartung, eine Konzeption entwickeln zu können, die vom ontologischen Vorrang des Physikalismus ausgeht, ohne dem Psychischen eliminativ begegnen zu müssen. Das Psychische wäre einer solchen Konzeption zufolge zwar vom Physischen abhängig, mit ihm aber nicht in jeder Hinsicht identifizierbar. Psychischen Zuständen entsprechen danach immer physische Vorgänge. Die spezifische Art der Abhängigkeit müsste aber im Einzelnen ermittelt werden.

Der Ansatz der Doppelaspekttheorie sowie die programmatischen Ausdrücke »Emergenz« und »Supervenienz« deuten auf die integrative Theorieperspektive eines ontologisch erweiterten und erkenntnistheoretisch differenzierten Naturalismus hin. Er ließe sich auf die Formel bringen: Reduktion *und* Differenz. Wenngleich so einfache Eliminationsverfahren umgangen werden können, ist nicht zu erwarten, dass mit dem integrativen Naturalismus das psychophysische Problem in einem direkten Zugriff zu lösen ist. Gerade an den Begriffen der Emergenz und Supervenienz lässt sich gut ablesen, dass das Problem zwar mit verfeinerten Interpretationen versehen, aber dadurch eben noch nicht ausgeräumt werden kann. Die Annahme spezifischer Abhängigkeiten psychischer Zustände von physischen Ereignissen liefert noch keinen Hinweis darauf, *wie* sie miteinander verbunden sind.

Angesichts der begrifflichen und explikativen Verwicklungen, die das psychophysische Problem hervorruft, ist es nach wie vor nahe liegend, einen eliminativistischen Standpunkt zu beziehen und einfach zu bestreiten, dass es ein problematisches Verhältnis von Psychischem und Physischem überhaupt gebe. In der Formulierung des Problems wird entsprechend schon ein zu weit gehendes Zugeständnis an den Dualismus gesehen. Obwohl sich der Eliminativismus letztlich nicht als rechtfertigungsfähige Argumentationsstrategie erweist, ist es keineswegs abwegig, sich zunächst mit der Problemstellung als solcher auseinander zu setzen. Es sollte vor allem nicht umstandslos davon ausgegangen werden, dass das Körper-Bewusstsein-Problem nach der Ablösung des Leib-Seele-Problems die angemessene Ausdrucksform des psychophysischen Problems ist. Genauso wie beim Leib-Seele-Problem sind auch mit dem Körper-Bewusstsein-Problem scharfe begriffliche und konzeptionelle Trennungslinien zwischen Psychischem und Physischem verbunden, die zumindest implizit auf dualistische Sichtweisen hinauszulaufen scheinen. Von daher ist der Versuch nicht unplausibel, den Trennungen dadurch zu entgehen, dass man sich auf sie erst gar nicht einlässt.

Es sind vor allem Gilbert Ryle (1900–1976) und Wilfrid Sellars, die im Umgang mit dem psychophysischen Problem aufwendige Analysen zu den erkenntnistheoretischen und sprachphilosophischen Voraussetzungen des mentalistischen Vokabulars vorlegen.[20] Sie weisen nach, dass bereits eine Reihe von sprachlichen Konstruktionen durchgeführt werden müssen, um mentale Zustände überhaupt thematisieren zu können. Personen sind nur mittels sprachlicher Überformungen imstande, auf mentale Zustände Bezug zu nehmen. Diese Überformung schließt aus, dass es im Fall des mentalistischen Vokabulars ein unmittelbares Entsprechungsverhältnis von Begriff und Gegenstand geben kann. Die dualistischen Trennlinien wären danach nur Differenzen in der sprachlichen Zugangsweise, die nicht mit sachlichen Bestimmungen verwechselt werden dürften.

Die semantischen Vorbehalte schränken auch den Argumentationsraum für monistische Ansätze ein. Die Unhintergehbarkeit der semantischen Konstruktion beziehungsweise Rekonstruktion von Sachverhalten macht kenntlich, dass Geschlossenheitsthesen, die von eliminativistischen Ansätzen unterstellt werden, auf spezifische Modellbildungen zurückgehen. Deshalb muss in der Philosophie des Geistes der konstruktive Zug von Begriffs- und Modellbildungen berücksichtigt werden. Auf diese Weise lässt sich verhindern, methodisch unvermeidliche Reduktionen für Eliminationen von zu erklärenden Phänomenen zu halten.

Der von den Vertretern der Geschlossenheitsthese vorausgesetzte Raum der Ursachen beruht auf Reduktionsverfahren, mit denen eine Theorie, in der mentale Eigenschaften thematisiert werden, auf eine Theorie zurückgeführt werden soll, in der physische Eigenschaften in der Sprache der Naturwissenschaften beschrieben werden. Reduktionsverfahren beruhen auf Abstraktionen und sind als solche keine Zugänge zu den letzten Einheiten der Welt. Reduktion ist ein konstruktiver

Prozess, dessen Resultat theoretische Sätze sind, die sich sachlich rechtfertigen lassen oder nicht. Die Begriffe, die in diesen Sätzen vorkommen, dürfen nicht mit kleinsten Elementen verwechselt werden, aus denen wiederum eine ganze Welt, einschließlich des Bewusstseins, aufgebaut werden könnte. Eine solche Verwechslung wäre ein atomistischer Fehlschluss.

In der Philosophie des Geistes kann die Zuständigkeit der Naturwissenschaften für die Frage, was es gibt, nicht bestritten werden. Es muss aber herausgestellt werden, dass theoretische Konstruktionen keine ontologischen Grundsätze für Weltbeschreibungen sind. Gegen die starken eliminativistischen Ausdeutungen von Reduktionsverfahren ist daran zu erinnern, dass Tatsachen und Theorien sich wechselseitig unterbestimmen. Keine Tatsache determiniert eine Theorie, und keine Theorie verfügt über ein Erklärungspotenzial, das die Welt in der Gesamtheit ihrer Ereignisse erfassen könnte. Vor dem Hintergrund der wechselseitigen Unterbestimmung von Theorien und Tatsachen muss auch bedacht werden, unter welchen Bedingungen das psychophysische Problem entworfen wird. Offenbar wird es von Personen formuliert, die sich unter Zuhilfenahme bestimmter Vokabulare verstehen und zueinander verhalten. Mit diesen Vokabularen verbinden sich spezifische Klassifikationen, Beschreibungen, Zuschreibungen und nicht zuletzt konkrete Formen des Zugangs zu Phänomenen und Sachverhalten. Aufgrund dieser Unhintergehbarkeit der Sprache kann erwogen werden, ob es nicht eine semantische Lösung des psychophysischen Problems geben könnte. Zwar sind erste Schritte in diese Richtung von Ludwig Wittgenstein (1889–1951)[21] und Wilfrid Sellars unternommen worden. In den Hauptströmungen der neueren Philosophie des Geistes spielen semantische Lösungsansätze bislang aber noch keine größere Rolle.

Die Innenperspektive:
Selbstbewusstsein und Intentionalität

Selbstbewusstsein

Das Verhältnis von Erlebnissen und Ereignissen erscheint nur vom Standpunkt der dritten Person aus als problematisch. Die sich selbst thematisierende Person fragt sich nicht, ob ihre Erlebnisse Ereignisse sind. Die Ausgestaltung des psychophysischen Problems ist denn auch weitgehend von der Perspektive der dritten Person abhängig: Menschliches Bewusstsein wird vom Ansatz her an dem gemessen, was in der Perspektive des äußeren Beobachters identifizierbar ist. Entsprechend richtet sich in den Hauptströmungen der Philosophie des Geistes das Interesse auf Erlebnisse *als* Ereignisse. Der Ansatz bezieht seine Plausibilität aus dem Umstand, dass der Gehalt menschlichen Bewusstseins offensichtlich nur mittelbar – durch Sprache oder Verhalten – zugänglich ist. Die Verhältnisse, in die das Bewusstsein nach Maßgabe seiner äußerlichen Aspekte tritt, beruhen auf Vergleichen, in denen die Innenperspektive des Bewusstseins als solche gar nicht vorkommt. Hierauf beziehen sich in der neueren Philosophie des Geistes eliminativistische Strategien, um die Vernachlässigbarkeit der Innenperspektive vorzuführen.

In den konzeptionellen Szenarien des psychophysischen Problems liegt der Schwerpunkt auf dem Bemühen, eine Lösung gleichsam auf dem Weg von außen nach innen zu erreichen. Dieser strategische Zug ist bei der Analyse von Erlebnissen *als* Erlebnissen ein entscheidendes Hindernis. Wenn Erlebnisse in ihrem Zustandekommen tatsächlich von einer Innenperspektive abhängen, kann man ihnen in der Perspektive des äußeren Beobachters nicht näher kommen. Der Erlebnischarakter des Bewusstseins ist nicht von einer

Methode zu erfassen, die von vornherein – ohne vorgängige Untersuchung oder Analyse – die Eliminierbarkeit der Innenperspektive voraussetzt. Eliminativistische Versuche, das psychophysische Problem zu lösen, erzeugen im Rahmen von Bewusstseinsanalysen methodische Einseitigkeiten, die zu folgenreichen inhaltlichen Verengungen führen.

Eine weitere Schwierigkeit ergibt sich daraus, dass die Philosophie des Geistes ein selbstreferenzielles Projekt ist, in dem sich die Erträge von intellektuellen Tätigkeiten ausdrücken, deren Akteure über die thematisierten Zustände, Eigenschaften und Fähigkeiten bereits verfügen. Nicht zuletzt diese unvermeidliche Selbstreferenzialität verleiht eliminativistischen und skeptizistischen Positionen, denen zufolge der Begriff des Bewusstseins im eigentlichen Sinne auf falschen Annahmen beruht, den Anschein des Artifiziellen beziehungsweise Hypothetischen. Radikale Skepsis gegenüber der Wirklichkeit des Bewusstseins verwickelt sich offenkundig in einen performativen Widerspruch. Alle Einwände machen bereits von den Mitteln Gebrauch, die im Resultat des skeptischen Verfahrens in Abrede gestellt werden. Insofern muss in Untersuchungen zum psychophysischen Problem die Innenperspektive eigentlich von Anfang an angemessen berücksichtigt werden.

Die reflexiven Bestimmungen des Bewusstseins stehen im Mittelpunkt der neuzeitlichen Bewusstseinsphilosophie, die weitgehend unabhängig von den Auseinandersetzungen mit dem psychophysischen Problem Rekonstruktionsverfahren und Analysemodelle entwickelt, die sich auf die *interne* Struktur und Konstitution des Bewusstseins richten. Sie orientieren sich nicht vorrangig am Verhältnis des Bewusstseins zu körperlichen Eigenschaften, sondern an dem, was mentale Zustände *als* Erlebnisse auszeichnet.

Die neuzeitliche Bewusstseinsphilosophie entfaltet unterschiedliche Methoden und Theoriemodelle, in denen zumindest auf indirekte Weise wesentliche Bestimmungen menschlichen Bewusstseins kenntlich werden. Zu nennen sind vor allem der bewusstseinsphilosophische Empirismus, der sich implizit bereits bei Descartes zeigt und seine Ausformung bei John Locke (1632–1704) und David Hume (1711–1776) findet, die transzendentalphilosophischen Rekonstruktionen von Immanuel Kant (1724–1804), Johann Gottlieb Fichte und dem frühen Schelling, die phänomenologischen Untersuchungen von Franz Brentano (1838–1917) und Edmund Husserl (1859–1938) sowie die Sprachanalysen von Ludwig Wittgenstein, Gilbert Ryle, Peter F. Strawson, Hector-Neri Castañeda (1924–1993) und Ernst Tugendhat (*1930).

Grundbegriffe der neuzeitlichen Bewusstseinsphilosophie sind »Selbstbewusstsein«, »Intentionalität« und »Qualia«. Den Begriff des Selbstbewusstseins führen im 17. Jahrhundert Descartes und Leibniz in die systematische Philosophie ein. Der Ausdruck »Intentionalität« verfügt über eine lange Begriffsgeschichte, die bis in die Philosophie des Mittelalters zurückreicht und erst zum Ende des 19. Jahrhunderts in die systematischen Kontexte der Philosophie des Geistes eintritt. Beide Ausdrücke stehen im Zusammenhang mit weiteren semantischen Innovationen, die wichtige bewusstseinsphilosophische Bestimmungen wie »Person«, »personale Identität«, »Unbewusstes«, »Repräsentation« oder »Propositionalität« einschließen. Der Begriff der Qualia wird seit den fünfziger Jahren des letzten Jahrhunderts von der angloamerikanischen Philosophie des Geistes eingesetzt, um die internen beziehungsweise phänomenalen Qualitäten des Bewusstseins begrifflich einzugrenzen.

Im Zuge des so genannten *linguistic turn* rückt zudem der interne Zusammenhang zwischen menschlichem Bewusstsein und sprachlichem Ausdruck in den Vordergrund philosophischer Bemühungen. Dieser Zusammenhang ist zwar schon von Johann Gottfried Herder (1744–1803) und Wilhelm von Humboldt (1767–1835) thematisiert worden, er erfährt seine systematische Ausdeutung aber erst in der sprachanalytisch ausgerichteten Philosophie des Geistes, die alle Grundbegriffe der klassischen Bewusstseinsphilosophie semantischen Korrekturen und Revisionen unterzieht.

Die philosophische Bedeutung des Begriffs des Selbstbewusstseins bildet sich im Zuge von erkenntnistheoretischen Untersuchungen heraus. Exemplarisch für diesen Vorgang ist die Art und Weise, in der Descartes, Locke, Leibniz, Hume, Rousseau und Kant mit dem Phänomen der Selbstreferenz menschlichen Bewusstseins umgehen. Ihr systematisches Interesse besteht darin, Grundprobleme der Erkenntnistheorie zu lösen, und richtet sich zunächst nicht auf die Philosophie des Geistes oder die Theorie des Selbstbewusstseins. Der Begriff des Selbstbewusstseins bezieht sich dabei auf Bewusstseinszustände, in denen sich Personen ausdrücklich ihrer Existenz bewusst werden. Solche Zustände sind vertraute Phänomene der Alltagserfahrung. Die philosophische Reflexion macht an diesen Phänomenen Eigentümlichkeiten aus, die im alltäglichen Umgang verborgen bleiben, aber für das menschliche Selbstverständnis überaus folgenreich sind.

Es ist die Grundüberzeugung der neuzeitlichen Bewusstseinsphilosophie, dass die Eigentümlichkeiten des Selbstbewusstseins über die Strukturen menschlichen Bewusstseins insgesamt Auskunft geben. Dieser Sachverhalt lässt sich gut an der Philosophie Descartes' belegen, mit der gemeinhin die Einführung des systematischen Begriffs des Selbstbewusstseins verbunden wird. Auch wenn er den Begriff als solchen noch gar nicht verwendet, ist die Zuschreibung sachlich gerechtfertigt. Descartes rekonstruiert im Rahmen erkenntnistheoretischer Überlegungen zur Problematik zweifelsfreier Grundlagen menschlicher Erkenntnis eine in der Selbstgewissheit von Personen verankerte Reflexionsperspektive. Diesen Vorgang hat Hegel später als Entdeckung des Prinzips der Innerlichkeit bezeichnet.[22] Das Prinzip besagt, dass das Denken bei Erkenntnisprozessen und Begründungsfragen von sich selbst – von den eigenen begrifflichen Mitteln, Regeln und Gesetzen – auszugehen habe. Nur im Raum des Denkens seien Erkenntnis-, Wahrheits- oder Geltungsfragen zu beantworten.

Fragestellungen zum menschlichen Bewusstsein sind mit einem doppelten Reflexionssyndrom belastet. Aufgrund des Prinzips der Innerlichkeit drückt sich epistemisches Bewusstsein in Reflexionsbestimmungen beziehungsweise Verstandesbegriffen aus, die sich auf Sachverhalte beziehen – seien es faktische Gegenstände und Ereignisse in Raum und Zeit oder Annahmen über die Wirklichkeit. Darüber hinaus stellt sich eine zusätzliche Reflexionsstufe ein, wenn das thematisierte Phänomen das Bewusstsein selbst ist. Das Zentrum dieses Reflexionssyndroms ist der Grundsatz des Selbstbewusstseins: *ich denke*, der der klassischen Bewusstseinsphilosophie zufolge nicht nur dem Phänomen der Selbstgewissheit, sondern allen Manifestationen epistemischen Bewusstseins zugrunde liegt.

Auf den Grundsatz des Selbstbewusstseins stößt Descartes im Rahmen seines radikalen methodischen Zweifels[23], der in einem abgestuften Verfahren auf alle Gegenstände und Sachverhalte angewandt wird, die als Bezugspunkte epistemischen Bewusstseins auftreten können. Dabei geht es ihm nicht um die Untersuchung von Einzelfällen. Der Zweifel ist methodisch angelegt. Er konzentriert sich auf Typen und wesentliche Elemente epistemischen Bewusstseins. Diese Beschränkung liegt insofern nahe, als es genügt, einen Zweifelsgrund exemplarisch zu benennen, um für den entsprechenden Typus prinzipielle Zweifelsfreiheit insgesamt ausschließen zu können. Weil es sich um die erkenntnistheoretische Suche nach einer unerschütterlichen Grundlage *(fundamentum inconcussum)* handelt, sind alle Fälle eines Bewusstseinstyps auszuschließen, wenn es mindestens einen Fall dieses Typs gibt, der zu einem Irrtum führt.

Der radikale methodische Zweifel an möglichen unerschütterlichen Erkenntnisgrundlagen verläuft in vier Argumentationsschritten. Zunächst wird die Berufung auf überlieferte Lehrmeinungen zurückgewiesen, da sie sich vielfach als falsch erwiesen hätten. Gleiches gelte für Urteile, die unmittelbar auf Sinneswahrnehmungen fußen. Diese täuschten uns immer wieder über das, was tatsächlich vor sich geht. Während sich die beiden ersten Schritte noch im Bereich des kritischen Umgangs mit der Alltagserfahrung bewegen, verläuft der weitere Fortgang des methodischen Zweifels auf erkenntnistheoretisch kompliziertere Weise.

Descartes führt vor, dass das Bewusstsein über keine Mittel verfüge, sicher zwischen Wach- und Traumzuständen zu unterscheiden. Die Funktion des Traums beschränke sich nämlich keineswegs darauf, uns irgendwelche Trugbilder vorzugaukeln. Vielmehr stelle er uns Erscheinungen als wirklich vor, die so, wie wir sie uns vorstellen, in der Wirklichkeit nicht existieren. Zumindest für die Dauer des jeweiligen Traums hielten wir die Erscheinungen für real. Descartes geht nicht davon aus, dass sich Personen durchweg im Unklaren darüber seien, ob sie wach sind oder träumen. Entgegen den Überzeugungen der Alltagserfahrung gibt es dem Traumargument zufolge allerdings keine sicheren Kennzeichen für die Unterscheidung zwischen Wirklichkeit und Fiktion, denn das Bewusstsein fasst in beiden Fällen etwas auf formal gleiche Weise als real auf.

Das Traumargument erfährt eine Verschärfung durch die Einführung der hypothetischen Idee eines *genius malignus* – eines bösartigen Wesens mit dem Vermögen, unmittelbar auf die Akte und Zustände des Bewusstseins zu wirken. Mit dem *genius malignus* ist die Möglichkeit gegeben, dass die Welt, so wie sie Personen zu kennen glauben, gar nicht besteht. In dem Gedankenexperiment wird vorgeführt, dass alles, was Personen wahrnehmen, der Sache nach falsch sein kann, und alles, was sie für wirklich halten, nicht so existiert, wie sie es sich vorstellen.

Das Zwischenresultat des radikalen Zweifels hat Ähnlichkeiten mit Konstruktionen der gegenwärtigen Neurophilosophie und Neurowissenschaften, die zumindest in Teilen mit der Möglichkeit rechnen, dass die Vorstellungen unserer Alltagserfahrung Illusionen sind und kein Fundament in einer subjektunabhängigen Welt haben. Auch wird in den Neurowissenschaften davon ausgegangen, dass mentale Zustände unter Umgehung von Sinneseindrücken direkt durch Reizungen des Gehirns ausgelöst werden können. Letztlich überbietet das Gedankenexperiment des *genius malignus* sogar die neurowissenschaftlichen Szenarien: Der bösartige Geist soll sogar die Annahme in Personen hervorrufen können, dass zwei plus zwei gleich fünf sei. Er kann der Bestimmung nach also nicht nur die Vorstellungswelten von Personen manipulieren, sondern sogar ihre Gründe.

In seiner Endstufe setzt der radikale methodische Zweifel das Verhältnis des Bewusstseins zu seinen Inhalten und Bedeutungen insgesamt einem generellen Unsicherheitsverdacht aus. Jegliche Bezugnahme auf Gegenstände und Ereignisse der Erfahrung ist danach in einem strengen geltungstheoretischen Sinne nicht verlässlich. Descartes wirft nun die Frage auf, ob der *genius malignus*, der offenbar in der Lage sei, mich über alles, was ich für wahr halte, zu täuschen, mich auch dann in die Irre führen könne, wenn ich unterstelle, dass ich existiere. Die Frage wird von Descartes entschieden verneint. Der bösartige Geist mag mich so oft täuschen, wie er wolle, er werde mich aber niemals zu der Annahme verleiten können, dass ich nicht sei, solange ich eben denke, dass ich sei. Der radikale methodische Zweifel wird also durch den Sachverhalt begrenzt, dass der Satz *ich existiere*, so oft ich ihn ausspreche oder in Gedanken fasse, notwendig wahr ist.

Es ist zu beachten, dass trotz der Selbstgewissheit des Satzes *ich existiere* alle weiter gehenden Urteile – auch die, die sich auf meinen Körper beziehen – nach wie vor unter einem generellen Irrtumsverdacht stehen. Deshalb folgert Descartes, ganz im Sinne der Differenzthese, dass der Geist beziehungsweise das menschliche Bewusstsein leichter als der Körper zu erkennen sei. Er leitet daraus das Wahrheitskriterium der klaren und deutlichen Idee sowie den Dualismus von *res cogitans* und *res extensa* ab – Theoriestücke, die von den Hauptströmungen der Philosophie des Geistes zurückgewiesen worden sind. Ohnehin ist im Hinblick auf die Entwicklung des Existo-

Arguments zu fragen, wie die Sätze *ich existiere* oder *ich denke* ohne die Beziehung zu in Raum und Zeit identifizierbaren Personen auf sinnvolle Weise Anwendung finden können.

Auch in der Perspektive der Alltagserfahrung ist die Unbezweifelbarkeit der Selbstgewissheit nachvollziehbar. Die Gründe erschließen sich allerdings erst im Rahmen einer philosophischen Analyse, die die sprachlichen Ausdrucksformen der Selbstreferenz berücksichtigt. Selbstgewissheit zeigt sich im Sprachgebrauch der Sätze *ich existiere* und *ich denke*, zu denen sich keine sinnvollen Negationen bilden lassen. Die Sätze *ich existiere nicht* und *ich denke nicht* widerlegen sich im sprachlichen Vollzug. Descartes' Formel *ich denke, also bin ich* ist denn auch nicht im engeren Sinne einer Schlussfolgerung zu verstehen. Mit der Formel soll vielmehr verdeutlicht werden, dass es einen Vorrang des *ich denke* vor dem *ich existiere* sowie Sätzen über psychische Zustände gibt, weil sich in ihnen immer auch Denken ausdrückt. Das unterscheidet den Ausdruck »cogito« von dem Ausdruck »ambulo« – wie Descartes zu Recht gegen Pierre Gassendi (1592–1655) geltend macht. Während der Satz *ich gehe spazieren* unter Umständen falsch sein kann, ist der Satz *ich denke* beziehungsweise *ich denke, dass ich spazieren gehe* unter allen Umständen richtig.

Die Unbezweifelbarkeit des Cogito-Arguments findet ihren sprachlichen Ausdruck in Sätzen über selbstreferenzielle Einstellungen und Zustände der ersten Person, Singular, Präsens, Indikativ, Aktiv, in denen das Personalpronomen »ich« die indikatorische Funktion erfüllt, Satz und jeweils Sprechenden aufeinander zu beziehen. Anders als Descartes' Doktrin von der *res cogitans* unterstellt, verweist der Ausdruck »ich« nicht auf eine Substanz. Er zeigt in sprachlichen Äußerungen lediglich die Subjektstelle von Bewusstsein und Selbstbewusstsein an. Die indikatorische Funktion des Ausdrucks »ich« ist für die Philosophie des Geistes gleichwohl überaus folgenreich. An ihr lässt sich ablesen, dass im Phänomenbereich des

Bewusstseins besondere Kennzeichen und Eigenschaften auszumachen sind, die sich aus der Perspektive von Descartes' Prinzip der Innerlichkeit erschließen, das in dieser Hinsicht paradigmatische Wirkungen auf die Philosophie des Geistes gehabt hat.

Unter »Innerlichkeit« ist die erlebende und reflektierende Bewusstseinsperspektive von Personen zu verstehen, die sich in »ich«-Sätzen über psychische Zustände und Einstellungen manifestiert. Wenn sich eine Person bewusst auf ihre mentalen Vollzüge und Phänomene bezieht, dann sind die entsprechenden sprachlichen Ausdrucksformen unabhängig von ihrem propositionalen Gehalt unbezweifelbar, infallibel, epistemisch irreduzibel und nicht korrigierbar. Die Person kann sich nicht darüber täuschen, dass *sie* einen bestimmten Bewusstseinszustand erlebt. Zudem ist der Zustand in seinem Zustandekommen von ihren epistemischen Einstellungen abhängig. Nur indem sie etwas glaubt, wird der mentale Akt, etwas zu glauben, vollzogen – und er ist von keinem äußeren Beobachter korrigierbar.

Vor dem Hintergrund des sprachlichen Ausdrucks von Selbstgewissheit zeichnen sich folgende Eigenschaften der Innerlichkeit ab: 1. Selbstbewusstsein ist in seinem psychischen Gehalt unbezweifelbar. 2. Im Fall von Selbstbewusstsein ist kein referenzieller Irrtum möglich. 3. Diejenige Person, die sich ihrer selbst bewusst wird, ist als epistemische Instanz dieses Zustands unhintergehbar. 4. Selbstbewusstsein wird nicht erschlossen, sondern stellt sich auf unmittelbare Weise ein. Es sind die in diesen Sätzen ausgedrückten Eigenschaften, die der Erlebnisperspektive von Personen – ihrer bewussten Innerlichkeit – den Stellenwert eines irreduziblen Phänomens verleihen.

Aus den Eigenschaften der Innerlichkeit ist nicht ohne weiteres zu entnehmen, wie das Subjekt der Selbstreferenz beschaffen ist. Descartes räumt zunächst ein, dass dem Cogito-Argument im Hinblick auf den Subjektbegriff kaum etwas zu entnehmen sei. Es könne eigentlich nur gesagt werden, dass ich ein denkendes Wesen *(res cogitans)* sei, das zweifelt, versteht, bejaht, verneint, etwas will oder nicht will, empfindet und Vorstellungen hat. Dann entschließt er sich aber doch dazu, aus dem *ich denke* den gewagten Schluss *ich bin ausschließlich ein denkendes Wesen (sum tantum res cogitans)* zu ziehen. Diese Ausschließlichkeitsthese transformiert das Subjekt des Selbstbewusstseins in eine denkende Substanz *(substantia cogitans)*.

Die Ausschließlichkeitsthese ist von der nachfolgenden Bewusstseinsphilosophie zurückgewiesen worden, einen überzeugenden Gegenentwurf hat diese gleichwohl nicht zur Verfügung stellen können. Dessen ungeachtet sind im Zuge von Auseinandersetzungen mit dem Subjektgedanken eine Reihe struktureller Bestimmungen von Bewusstsein und Selbstbewusstsein aufgedeckt worden. Bereits den Zeitgenossen ist aufgefallen, dass Descartes' Begriff der *res cogitans* in bewusstseinsphilosophischer Hinsicht ohne Konturen bleibt. Ihm fehlt ersichtlich ein genuiner Individualitätssinn, der mithilfe des Substanzbegriffs nicht zur Verfügung gestellt werden kann. Im Begriff der denkenden Substanz geht vor allem das wieder verloren, was Descartes noch als unproblematisches Resultat des Cogito-Arguments hat herausstellen können: die selbstreferenzielle Aktivität der denkenden Person.

Einen bedeutenden Versuch, Substanz-, Aktivitäts- und Individualitätsbestimmungen in einem komplexen Subjektbegriff zu vereinigen, hat Leibniz vorgelegt. Ihm zufolge liegen dem Phänomen des Selbstbewusstseins selbstreferenzielle Strukturen zugrunde, die die verschiedenen mentalen Akte und Zustände einer Person zu einem Bewusstsein vereinigen. Zur Bezeichnung des Aktzentrums setzt er den Begriff der Monade ein, worunter eine individuierte substanzielle Bestimmung zu verstehen ist, die als internes Gesetz von Veränderungen des Bewusstseins über die Zeit hinweg auftritt.[24] Leibniz setzt in diesem Zusammenhang auch den Begriff des Ich *(Moy)* ein, der seiner Bestimmung nach die internen Zustände der Monade verbindet und zusammenfasst.

Eine weitere Differenzierung betrifft die Bewusstseinstypen, die in einer Monade anzutreffen sind. Nach Leibniz ist zwischen Perzeptionen beziehungsweise inneren Zuständen der Monade, die sich auf äußere Gegenstände beziehen, und Apperzeptionen, in denen sich das mentale Aktivitätszentrum seiner selbst oder seiner Zustände bewusst wird, zu unterscheiden. Er hält es für den folgenreichsten Fehler der cartesianischen Bewusstseinsphilosophie, diese Unterscheidung nicht getroffen zu haben. Für Descartes ist jeder Fall von Bewusstsein zugleich ein Bewusstsein vom Bewusstsein. Leibniz weist zu Recht darauf hin, dass diese Annahme einer Selbsttransparenz des Bewusstseins[25] nur für einige Reflexionszustände gelte und keineswegs ein allgemeines Kennzeichen menschlichen Bewusstseins sei. Weil der Großteil der Bewusstseinszustände gerade nicht reflektiert oder als Selbstbewusstsein präsent sei, müsse der Cartesianer weite Bereiche des Psychischen buchstäblich für nichts halten.

Leibniz kommt das Verdienst zu, im Rahmen seiner Philosophie des Selbstbewusstseins das Unbewusste des Bewusstseins entdeckt zu haben. Dieser widersprüchlich anmutende Ausdruck soll zeigen, dass es mentale Akte und Zustände gibt, die dem Bereich des Bewusstseins angehören, ohne im Modus ausdrücklichen Bewusstseins vorzuliegen. Das Unbewusste im Sinne von sich selbst nicht durchsichtigen Perzeptionen erfüllt Leibniz zufolge eine konstitutive Funktion für das Bewusstsein insgesamt, ohne selbst ein möglicher Gegenstand von Selbstbewusstsein und Selbsterkenntnis zu sein.

Leibniz' Monadologie ist bewusstseinsphilosophisch überaus ertragreich. In ihr werden entscheidende systematische und semantische Weichenstellungen für die Entfaltung und Differenzierung des egologischen Vokabulars vorgenommen. Im Mittelpunkt dieser bewusstseinsphilosophischen Innovationen steht der Begriff der Apperzeption, aus dem sich der semantische Kern des philosophischen Begriffs des Selbstbewusstseins herauskristallisiert. Mit Einführung dieses Begriffs ist Leibniz in der Lage, unterschiedlichen Formen von

Selbstreferenz konzeptionell zu entsprechen. Er ist insbesondere imstande, zwischen Selbstbewusstsein im engeren Sinne eines Bewusstseins von sich und bewussten Thematisierungen mentaler Zustände im Sinne eines Bewusstseins vom Bewusstsein sowie zwischen Graden von Aufmerksamkeit und Deutlichkeit von Bewusstseinszuständen zu differenzieren. Damit kann er den phänomenalen Verläufen menschlichen Bewusstseins angemessener als die cartesianische Philosophie des Geistes begegnen.

Leibniz' Beitrag zur Herausbildung des mentalistischen und egologischen Vokabulars ist hoch zu veranschlagen. Auf seinen Ansatz gehen begriffliche Grundlegungen für philosophische Bewusstseinsanalysen und die Theorie des Selbstbewusstseins zurück. Nicht zuletzt hat der von Descartes und Leibniz eingeleitete neue Umgang mit dem Phänomen der Selbstreferenz eine Reihe von Einwänden hervorgerufen, die den Anstoß für deutliche Erweiterungen des semantischen und systematischen Potenzials der neuzeitlichen Bewusstseinsphilosophie gegeben haben. Dabei steht die Kritik an einseitigen Subjektmodellen im Vordergrund, die dem Cartesianismus zugerechnet werden. Sie richtet sich gegen Descartes' Ausschließlichkeitsthese, die so gedeutet wird, dass Selbstbewusstsein als Bewusstsein einer denkenden Substanz oder eines empirisch nicht zugänglichen Ich oder Selbst aufgefasst werden müsse. Zwar findet sich bei Descartes kein Modell in dieser Einfachheit, es ist aber unstrittig, dass er – ähnlich wie Leibniz – Bewusstseinsphänomene substanzphilosophisch ausdeutet.

Im Gegenzug zum bewusstseinsphilosophischen Cartesianismus entwirft Locke eine Theorieperspektive, die zumindest im Bereich der Philosophie des Geistes von substanzphilosophischen Grundlegungen freigehalten werden soll. In Abgrenzung zu Descartes stellt er heraus, dass die Annahme, das Subjekt des Denkens sei eine Substanz, schon deshalb keine systematischen Begründungslasten tragen könne, weil sie außerhalb des Bereichs menschlicher Erfahrung ansetze.

Sie biete keinen Anhalt für die Identifikation der Individualität und Identität des Subjekts des Denkens. Um diese Aufgabe bewältigen zu können, versieht Locke den traditionellen Begriff der Person mit einer modernen Interpretation, die ihn von den Ausdrücken »Seelensubstanz« und »Mensch« absetzt. Der Begriff der Person bezeichnet ihm zufolge ein intelligentes Wesen, das über Vernunft, Reflexion und Selbstverständnis verfüge und imstande sei, sich selbst *als* sich selbst aufzufassen.[26]

Locke verwendet in diesem Zusammenhang ausdrücklich den Begriff des Selbst, worunter er ein bewusstes denkendes Ding versteht. Damit verfügt die neuzeitliche Bewusstseinsphilosophie neben dem reifizierten Ichbegriff nunmehr auch über einen reifizierten Selbstbegriff. Zwar verbleibt die Verwendungsweise noch im Bereich des bewusstseinsphilosophischen Cartesianismus. Indem Locke den Begriff des Selbst von dem der Person abhängig macht und die personalitätstheoretische Semantik von substanzphilosophischen Bestimmungen freihält, gewinnt seine Philosophie des Geistes dennoch innovative Züge.

Den Begriff der Person entwickelt Locke im Zusammenhang mit der Bestimmung personaler Identität über die Zeit hinweg. Den Identitätssinn verankert er nicht in Eigenschaften einer Substanz, sondern entfaltet ihn aus konkreten Bewusstseinsanalysen heraus. Personen sind danach Subjekte des Denkens, deren Bewusstsein in die Vergangenheit zurückreicht und in die Zukunft vorgreift. Das Kernstück seiner Theorie personaler Identität ist die so genannte *memory theory*. Ihr zufolge erstreckt sich die Identität einer Person nicht weiter als das Bewusstsein, über das sie jeweils verfügen kann. Die Bewusstseinskontinuität und nicht etwa eine individuelle Substanz mache die Identität einer Person aus.

Auch wenn Locke den Sachverhalt der Identität der Person über die Zeit hinweg für die Philosophie des Geistes entdeckt, ruft seine *memory theory* gleichwohl eine Vielzahl von Entgegnungen hervor. Ihr wird vorgeworfen, in konstitutiver

Hinsicht das Phänomen des Psychischen unzulässig auf retrospektives und selbsttransparentes Bewusstsein verengt zu haben. Es sei Locke überdies nicht gelungen, eine sichere Semantik der Begriffe »Person« und »Selbst« zu entwickeln. In der Tat finden sich bei ihm sowohl Passagen, in denen »Person« und »Selbst« synonym verwandt werden, als auch solche, in denen der Begriff des Selbst auf cartesianische Weise ein denkendes Ding bezeichnet. Diese Unklarheit hängt mit der grundsätzlichen Schwierigkeit zusammen, in Bewusstseinsanalysen die subjektive Reflexionsperspektive und den Standpunkt des äußeren Beobachters aufeinander zu beziehen. Verlauf und Erlebnischarakter menschlichen Bewusstseins scheinen sich Ansätzen zu entziehen, die sich einer einfachen Gegenüberstellung von internen und externen Bestimmungen bedienen. Diese Flüchtigkeit hat im Rahmen von traditionellen Ansätzen substanzphilosophische Erwägungen plausibel erscheinen lassen. Selbst bei Locke ist dieser Zug noch auszumachen.

Lockes Versuch, Probleme der Selbstreferenz mittels Analysen aufzulösen, die sich an der Oberflächenstruktur menschlichen Bewusstseins orientieren, haben Leibniz, Joseph Butler (1692–1752) und Thomas Reid (1710–1796) zum Anlass genommen, den empiristischen Zugriff grundsätzlich in Zweifel zu ziehen. Sie behandeln Selbstbewusstsein und personale Identität als Bestimmungen einer Tiefenstruktur des Bewusstseins. In ausdrücklicher Zurückweisung der Position Lockes entwickeln sie ein Erklärungsmodell, das personale Identität im Hinblick auf die jeweiligen Bewusstseinsverläufe als das logisch und zeitlich Frühere ausweist. Dabei unterstellen sie, dass die Identität der Person nicht das Resultat eines graduellen Prozesses sei, sondern Identität überhaupt erst die Kontinuität des Bewusstseins konstituiere.

Die Einwände von Leibniz, Butler und Reid beruhen auf Präsuppositionsargumenten, die der Intention nach die impliziten Voraussetzungen zurückgewiesener Theorien aufdecken.

Im Fall von Lockes Theorie personaler Identität geht es um den Nachweis vitiöser Begründungszirkel und unendlicher Erklärungsregresse. Reid hat zur Erläuterung des Präsuppositionsarguments ein Gedankenexperiment entwickelt, das die Widersprüchlichkeit der empiristischen *memory theory* verdeutlichen soll.[27] Er erzählt die Geschichte eines fiktiven Offiziers, der als Schuljunge eines Diebstahls überführt und bestraft worden sei, als junger Offizier eine Heldentat begehe und in späteren Jahren den Rang eines Generals erlange. Dem Offizier seien zur Zeit der Heldentat sein Diebstahl und seine Bestrafung noch gegenwärtig. Der General erinnere sich noch an seine Heldentat, habe aber keine Erinnerung mehr an seine jugendliche Missetat. Wende man das vorderhand plausible Kriterium einer logischen oder kausalen Verknüpfung an, sei von dem numerisch identischen Leben einer Person auszugehen, in dem die zeitlichen Abschnitte der Jugend sowie des frühen und späten Erwachsenenlebens miteinander verbunden sind. Nach den Voraussetzungen der *memory theory* sei jedoch der alte General, weil seine Erinnerung nicht mehr in die entsprechenden Lebensabschnitte zurückreiche, nicht dieselbe Person wie der Schuljunge.

Das kritische Geschäft ist aber nur ein Teil des Präsuppositionsarguments. Die impliziten Voraussetzungen der zurückgewiesenen Theorie werden des Weiteren zum Ausgangspunkt eines alternativen Ansatzes gemacht. Die Methode des präsuppositionalen Gegenzuges findet sich in der Philosophie des Geistes vielfach bei Konzeptionen, die den engen Theoriebereich empiristischer Ansätze überschreiten wollen. Die Konzeptionen gehen häufig mit Wiedererwägungen substanzphilosophischer Argumentationen einher. Dieser Sachverhalt lässt sich auch an der Locke-Kritik von Leibniz, Butler und Reid beobachten, die die bewusstseinsphilosophischen Schwächen des empiristischen Ansatzes zum Anlass nehmen, numerisch einfache Substanzbestimmungen vom formalen Zuschnitt einer Monade zu unterstellen. Empirismuskritik ist jedoch für sich nicht hinreichend, um Grundlagen einer substanzphilosophischen Konzeption von Selbstreferenz und personaler Identität bereitzustellen.

Die Aufgabe einer phänomengerechten Erfassung von Selbstbewusstsein, personaler Identität und der numerischen Einheit des Bewusstseins stellt sowohl empiristische als auch substanzphilosophische oder präsuppositionale Ansätze vor größte Schwierigkeiten. Dieser Sachverhalt tritt mit einem Eingeständnis Humes deutlich zutage. Nachdem er in einer berühmten Kritik vorgeführt hat, dass es im menschlichen Bewusstsein keinen identifizierbaren Bezugspunkt für den Begriff des Selbst gebe, bekennt er, dass es unter den Bedingungen seiner empiristischen Theorie nicht möglich sei, die Prinzipien zu erklären, die sukzessiv einander ablösende Vorstellungen zu einem numerisch einfachen Bewusstsein vereinigen.[28] Auf der Ebene der Beschreibungen von Bewusstseinsphänomenen findet sich weder ein Bezugspunkt für den Begriff des Selbst noch ein Identitätssinn, der gleichwohl zum selbstverständlichen Bestand der Alltagserfahrung gehört.

Mit der Frage nach personaler Identität und Einheit des Bewusstseins hat sich ein weiteres Problemfeld der Philosophie des Geistes herauskristallisiert, das sich bis in die Gegenwart erhalten hat. Es sollte aber nicht übersehen werden, dass das Problem der Einheit des Bewusstseins im Wesentlichen eine Schwierigkeit der theoretischen beziehungsweise konzeptionellen Erfassung ist. In deskriptiver Hinsicht kann aus der philosophischen Theorie personaler Identität immerhin entnommen werden, dass menschliches Bewusstsein über die Eigenschaften der Kontinuität und Identität über die Zeit hinweg verfügt und das jeweilige Subjekt des Bewusstseins imstande ist, sich in der Abfolge seiner mentalen Akte und Zustände seiner selbst bewusst zu werden.

In der neuzeitlichen Bewusstseinsphilosophie hat es immer wieder Versuche gegeben, diesen Erklärungsschwierigkeiten zu entgehen, indem man einfach die Selbstreferenz des Selbstbewusstseins in Abrede stellte. Georg Christoph Lichtenberg (1742–1799) hat den Vorschlag gemacht, bei Überlegungen zur Selbstreferenz menschlichen Bewusstseins von vornherein egologische Ausdrucksweisen zu vermeiden. Der Satz *ich denke* sei zu anonymisieren und durch den Satz *es denkt* zu ersetzen. Den Satz *es denkt* versteht er dabei im Sinne einer unpersönlichen Wendung – analog zu Sätzen wie *es regnet* oder *es blitzt*. Ähnlich wie Hume macht Lichtenberg im phänomenalen Bestand menschlichen Bewusstseins nur Empfindungen, Vorstellungen und Gedanken aus. Aufgrund dieser Phänomenbeschreibung habe die Substantivierung des Ausdrucks »ich« in dem Satz *Ich denke* als eine Überbestimmung zu gelten: Mit ihr werde schon zu viel gesagt.[29]

Der Vorschlag der Anonymisierung des Satzes *ich denke* ist von der Philosophie und Literatur des 19. und 20. Jahrhunderts vielfach variiert und zum Anlass für radikale Revisionen traditioneller Bewusstseinsmodelle genommen worden. Friedrich Nietzsche (1844–1900) bemängelt, dass in dem Satz *ich denke* eine Reihe von Vorurteilen der Philosophen verborgen seien. Zu ihnen zählt er jede Vorstellung von einem Subjekt sowie die Voraussetzung, dass das Denken eine Tätigkeit sei.[30] Zudem beklagt er, dass die Semantik der Ausdrücke »ich« und »denken« in der Philosophie nicht hinreichend geklärt worden sei. Auch die Wendung *es denkt* verbessere die Interpretationssituation nicht, denn sie sei bereits die Auslegung eines Vorgangs, die in diesem selbst aber gar nicht enthalten sei.

Nietzsches Aufdeckung der versteckten Vorurteile der Philosophen wendet sich zunächst nicht gegen das Phänomen des Selbstbewusstseins, sondern gegen die Folgerungen, die daraus gezogen werden. Vor allem seine semantischen Vorbehalte verdienen Beachtung. Der Sache nach finden sie eine Weiterführung in der sprachanalytischen Kritik des 20. Jahrhunderts. Wird die Aufdeckung der versteckten Vorurteile der Philosophen aber umstandslos als radikale Kritik an dem Phänomen des Selbstbewusstseins und der Selbstreferenz ausgegeben, wendet sie sich letztlich gegen sich selbst, denn sie setzt im Vollzug bereits das voraus, was bestritten werden soll: eine selbstbewusste bewertende Person, die sich über ihre Ausdrucksmöglichkeiten zu verständigen versucht.[31]

Auch Arthur Rimbaud (1854–1891) kritisiert vehement den traditionellen Ichbegriff und Vorstellungen von einer egologischen Setzung. Er schlägt vor, den Satz *ich denke* nicht durch den Satz *es denkt,* sondern durch den Satz *es denkt mich (on me pense)* zu ersetzen.[32] Damit soll verdeutlicht werden, dass den jeweiligen Bewusstseinsvollzügen, einschließlich des Selbstbewusstseins, Vorgänge in mentalen Tiefenstrukturen zugrunde liegen. Rimbauds Revision richtet sich gegen verkürzte Konstitutionstheorien von Selbstreferenz, nicht gegen das Phänomen des Selbstbewusstseins als solches.

Der argumentative Gewinn und die kritischen Implikationen der Anonymisierung lassen sich in den verschiedenen Revisionen nur selten mit Klarheit herausarbeiten. Die Anonymisierung kann als grundsätzliche Kritik am Phänomen der Selbstreferenz oder zumindest am egologischen Vokabular gedeutet werden. Sie kann aber auch so interpretiert werden, dass Selbstbewusstsein vorrangig als Zustand und nicht als Bezugnahme zu verstehen sei. Diese auch von Jean-Jacques Rousseau (1712–1778) vertretene Sichtweise bestimmt einen Großteil der sprachanalytischen Philosophie des Selbstbewusstseins, die insgesamt davon ausgeht, dass der Ausdruck »ich« weder die Funktion eines reifizierenden Substantivs oder Eigennamens noch die einer Kennzeichnung erfüllt.

Für Kant hängen die Schwierigkeiten der Klärung von Selbstreferenz damit zusammen, dass dem internen Zusammenhang von Bewusstsein und Selbstbewusstsein keine systematische Beachtung geschenkt worden ist. Ihm zufolge ist Selbstbewusstsein nicht bloß ein besonderer Zustand des Bewusstseins, sondern der Schlüssel zu seinem Verständnis. Menschliches Bewusstsein vollziehe sich unter den Bedingungen möglichen Selbstbewusstseins. Nicht jeder Bewusstseinszustand sei sich selbst durchsichtig, aber der Bewusstseinsverlauf verfüge über eine Struktur, durch die sich sein Subjekt prinzipiell in Bezug auf jeden Akt oder Zustand seiner selbst bewusst werden könne. Von daher sei es auch berechtigt, Selbstbewusstsein eine Sonderstellung einzuräumen – wie das etwa in den rationalistischen Konzeptionen von Descartes und Leibniz geschehen ist.

Bei aller berechtigten Kritik am bewusstseinsphilosophischen Rationalismus muss eingeräumt werden, dass er einen bedeutenden Beitrag zur Entwicklung des mentalistischen und egologischen Vokabulars leistet. In der Nachfolge von Descartes und Leibniz hat Christian Wolff (1679–1754) für die deutschsprachige Philosophie überhaupt erst eine entsprechende Terminologie – einschließlich der Ausdrücke »Bewusstsein« und »Selbstbewusstsein« – entwickelt. Die terminologischen Innovationen nehmen erst dann die Gestalt von philosophischen Vorurteilen an, wenn aus ihnen prädikative Aussagen über das Subjekt des Denkens abgeleitet werden.

Kant setzt sich im Rahmen seiner erkenntniskritischen Theorie des Selbstbewusstseins am Beispiel der rationalen Psychologie seiner Zeit – der Psychologie aus dem Begriff – ausführlich mit den bewusstseinsphilosophischen Vorurteilen auseinander. Er führt vor, dass der substanzphilosophische Begriff des Subjekts durch eine unzulässige semantische Reifizierung gewonnen wird: Von dem Satz *ich denke*, der für das Phänomen des Selbstbewusstseins stehe und noch keine inhaltlichen Bestimmungen enthalte, werde umstandslos zu prädikativen Aussagen über das Subjekt des Denkens übergegangen. In der Schulphilosophie des 18. Jahrhunderts haben die semantischen Reifizierungen Annahmen von Immaterialität, Inkorruptibilität, Personalität und Spiritualität der Seele zur Folge gehabt.

Fehlschlüsse vom Phänomen des Selbstbewusstseins auf Eigenschaften des Subjekts des Denkens kennzeichnen nicht nur die rationale Psychologie des 18. Jahrhunderts. Egologische Reifizierungen beziehungsweise nichtmetaphorische Verwendungen des Ichbegriffs sind noch heute in der Psychologie und den Sozialwissenschaften anzutreffen. In diesen Disziplinen ist es nach wie vor üblich, ohne weitere semantische Klärungen von Ich, Ichstärke, Persönlichkeit und ähnlichen Bestimmungen zu reden.

Kants Erkenntniskritik entzieht den egologischen Reifizierungen die systematische Grundlage und vollzieht der Sache nach den Abstieg vom »Ich« zum »ich«, der ausdrücklich erst im 20. Jahrhundert erfolgt.[33] Sie enthüllt den eigentlichen Grund von Humes Entdeckung, dass Selbstbewusstsein nicht als eine Bezugnahme auf ein mentales Datum *qua* Ich gedeutet werden könne. Bei der Untersuchung der Bedingungen der Möglichkeit menschlicher Erfahrung stößt Kant auf den Sachverhalt der formalen Selbstreferenz des Denkens, für den er die Formel des *Ich denke, das alle meine Vorstellungen begleiten können muss* prägt.[34] Sie besagt, dass mentale Daten sich nicht gleichsam von selbst zueinander in Beziehung setzen, sondern einer initiierenden und integrierenden Instanz bedürfen. Das *ich denke* zeigt bei Kant eine Selbstreferenz im Übergang an, die die Abfolge mentaler Akte und Zustände zu einem Bewusstsein vereinigt. Aufgrund der formalen Selbstreferenz des Denkens treten die Veränderungen im Bewusstsein als Modifikationen *eines* Bewusstseins auf. Kants Theorie der formalen Selbstreferenz des Denkens ist die transzendentalphilosophische Reaktion auf Humes Schwierigkeit, in den Vollzügen des Bewusstseins einen Identitäts- beziehungsweise Einheitssinn ausmachen zu können.

Die Formel des *Ich denke, das alle meine Vorstellungen begleiten können muss* darf nicht in einem buchstäblichen Sinne aufgefasst werden. Sie soll keine Selbstzuschreibungen oder Fälle expliziten Selbstbewusstseins bezeichnen. Kant unterscheidet vielmehr konsequent zwischen der erkenntnistheoretischen Funktion der Selbstreferenz und dem Phänomen des Selbstbewusstseins. Jeder Bewusstseinszustand ist in einem formalen Sinne selbstreferenziell strukturiert, aber deswegen keineswegs schon ein Fall von Selbstbewusstsein.

Aus der Erkenntniskritik Kants ist die für die Philosophie des Geistes insgesamt bedeutsame Lehre zu entnehmen, dass

Begriffe, mit denen erkenntnistheoretische Sachverhalte erschlossen werden, keine inhaltlichen Bestimmungen des Bewusstseins sind. Kant stellt in einer berühmten Wendung heraus, dass man sich bei dem Versuch, die konstitutive Selbstreferenz selbst noch einmal zum Gegenstand der Reflexion zu machen, in einem beständigen Zirkel um sich selbst drehen müsse.[35]

Aufgrund der konstitutiven Funktion der Selbstreferenz begreift Kant Bewusstsein insgesamt als mögliches Selbstbewusstsein. Die interne Struktur von mentalen Akten und Zuständen müsse so beschaffen sein, dass das Subjekt des Denkens in ihnen zumindest der Möglichkeit nach zum Bewusstsein seiner selbst gelangen könne. Der frühe deutsche Idealismus hat diesen Sachverhalt im Anschluss an Kant auf die kurze Formel gebracht, dass es kein Objektbewusstsein ohne Selbstbewusstsein gebe.[36] Mögliches Selbstbewusstsein als Bedingung von Bewusstseinszuständen muss von dem Phänomen des Selbstbewusstseins unterschieden werden, das Kant als einen Zustand unmittelbarer Selbstvertrautheit behandelt, dessen Grund letztlich unerklärlich bleibe, der sich aber immerhin auf seine konstitutiven Strukturen hin befragen lasse.

Im Rahmen der philosophischen Auslegung des Phänomens des Selbstbewusstseins setzt Kant von vornherein bei einer differenzierten Form der Selbstreferenz an. Er unternimmt verschiedene Versuche, dem Umstand begrifflich Rechnung zu tragen, dass im Selbstbewusstsein ein eigentümlicher referenzieller Sinn enthalten ist, der sich von herkömmlicher Referenz unterscheidet. Er prägt dabei auch den Ausdruck eines *doppelten Ich im Bewusstsein meiner selbst*[37], mit dem kenntlich gemacht werden soll, dass Selbstbewusstsein eine Relation zwischen einem reflektierenden Subjekt und einer erlebten Welt ist. In einem Fall von Selbstbewusstsein erfährt sich die reflektierende Person als diejenige, die *sich* in diesem oder jenem mentalen Zustand befindet.

Kants Formel des *doppelten Ich im Bewusstsein meiner selbst* ist mit den semantischen Vorgaben der sprachanalytischen Philosophie vereinbar. Sie lässt sich in den Satz übertragen: *Ich erlebe im Zustand ausdrücklichen Bewusstseins, dass ich mich so und so zur Welt verhalte.* Der Satz ist durch das zweifache Auftreten des Ausdrucks »ich« gekennzeichnet. Der Ausdruck kommt im propositionalen sowie im nicht-propositionalen Satzteil vor und erfüllt dabei unterschiedliche semantische Funktionen. Im nichtpropositionalen Satzteil indiziert er das Subjekt des Selbstbewusstseins, im propositionalen Satzteil verbindet er sich mit reflexiven Bestimmungen, die sich wiederum auf konkrete Weltverhältnisse beziehen. Während im nichtpropositionalen Satzteil die Selbstreferenz inhaltlich unbestimmt bleibt, öffnet sie sich im propositionalen Satzteil für prädikative Selbstzuschreibungen.

Für Kant zeigt die Formel des *doppelten Ich im Bewusstsein meiner selbst* den Übergang von der Identität des Selbstbewusstseins zu prädikativen Selbstzuschreibungen der jeweiligen Person an, in die immer schon physische, epistemische, moralische oder soziale Bestimmungen eingehen. Um den internen Zusammenhang von Selbstbewusstsein und Existenz der Person kenntlich zu machen, wandelt Kant Descartes' Grundsatz des Selbstbewusstseins in den Satz *ich existiere denkend* ab.[38] Im Unterschied zu der analytischen Formel des *Ich denke, das alle meine Vorstellungen begleiten können muss* versteht er ihn als einen synthetischen Satz, der die komplizierte Beziehung zwischen personaler Existenz, Selbstreferenz und Selbstbewusstsein ausdrückt. Mit dieser Abwandlung vollzieht Kant eine Kontextualisierung des *ich denke*, die nicht zuletzt auch eine entschiedene Abkehr von der cartesianisch ausgerichteten Bewusstseinsphilosophie bedeutet.

Kants Konzeption einer in sich differenzierten Selbstreferenz findet formal eine Entsprechung in den sprachkritischen Untersuchungen zum egologischen Vokabular. Zwar steht die analytische Philosophie der neuzeitlichen Bewusstseinsphilosophie insgesamt kritisch oder sogar ablehnend gegenüber, gleichwohl lassen sich die auf Wittgensteins einflussreiche Überlegungen zur Verwendungsweise des Ausdrucks »ich« zurückgehenden Sprachanalysen in einen sachlichen Zusammenhang mit Kants Formel vom *doppelten Ich im Bewusstsein meiner selbst* bringen.

Am Anfang von Wittgensteins Analysen zu der von ihm so genannten eigenartigen Grammatik des Ausdrucks »ich« steht die Kritik an egologischen Reifizierungen. Er weist nicht einfach den reifizierten Ichbegriff zurück, sondern macht die Gründe kenntlich, die seine Einführung nahe gelegt haben. Er spricht von einer seltsamen Versuchung, die dadurch zustande komme, dass sich Selbstreferenz sprachlich auf eigentümliche Weise äußere.[39]

Um den Grund der seltsamen Versuchung kenntlich zu machen, arbeitet Wittgenstein einen wichtigen Unterschied in den sprachlichen Ausdrucksformen von Selbstverhältnissen heraus. Es müsse bei ich-Sätzen nämlich zwischen einem Subjekt- und Objektgebrauch des Ausdrucks »ich« unterschieden werden. Beispiele für den Subjektgebrauch sind Sätze wie *Ich habe Schmerzen* oder *Ich glaube, dass auf der Anhöhe ein Einhorn steht*. In diesen Sätzen steht der Ausdruck »ich« an der Subjektstelle und ist deshalb infallibel und unkorrigierbar. Bei den Sätzen kann weder Zweifel darüber aufkommen, auf wen sich der Ausdruck »ich« bezieht, noch darüber, dass ein bestimmter Empfindungs- beziehungsweise Wahrnehmungszustand vorliegt. Im Fall des Objektgebrauchs ändert sich die epistemische Situation grundlegend. Beispiele für Sätze, in denen der Ausdruck »ich« als Objekt verwandt wird, sind *Ich habe mir den Arm gebrochen* oder *Ich bin 1 Meter und 87 cm groß*. Derartige Sätze sind von Identifizierungssituationen abhängig, zu denen derjenige, der den Ausdruck »ich« verwendet, keinen privilegierten Zugang hat. Sie sind daher nicht gegen Irrtum und Fehlidentifizierung immun.

Die seltsame Versuchung der Substantivierung oder Reifizierung des Ausdrucks »ich« erklärt sich Wittgenstein zufolge aus dem Umstand, dass die semantische Besonderheit des Subjektgebrauchs nicht verstanden wird. Im Subjektgebrauch erfülle der Ausdruck »ich« nicht die gewohnte Funktion eines singulären Terminus, einen Gegenstand im Prädikationsraum zu identifizieren. Sein Gebrauch müsse nicht durch Identifizierungen, Beschreibungen oder Kennzeichnungen gestützt werden. Gleichwohl sei nicht von der Hand zu weisen, dass er sich auf irgendetwas beziehe. Dieser Umstand verleite offenbar zu der Annahme eines immateriellen Ichobjekts. Wittgensteins Überlegungen zielen auf den Unterschied zwischen Selbstreferenz und Selbstidentifikation. Personen können in ein sprachliches Verhältnis zu ihren Einstellungen und Bewusstseinszuständen treten. Solche Selbstverhältnisse sind keine Selbstidentifikationen. Im Subjektgebrauch identifiziert der Ausdruck »ich« nicht.

Die Zurückweisung des reifizierten Ichbegriffs legt für Wittgenstein nicht nahe, dass das egologische Vokabular insgesamt keine Bedeutung habe. Nur müsse für jeden Ausdruck im Einzelnen gezeigt werden, worin sie denn bestehe. Im Subjekt- und Objektgebrauch des Ausdrucks »ich« sowie in Eigennamen, Kennzeichnungen oder Demonstrativpronomen, die sich auf die jeweils sprechende Person beziehen, zeigten sich verschiedene Ausdrucksweisen. Der Umstand, dass der Ausdruck »ich« und der entsprechende Eigenname unterschiedliche sprachliche Funktionen erfüllten, bedeute nicht, dass sie zwei verschiedene Dinge bezeichneten. Begriffe seien keine Abbildungen von Dingen oder Eigenschaften, sondern sprachliche Werkzeuge, um Sachverhalte auszudrücken.

In der Nachfolge von Wittgenstein und Ryle widmet sich die sprachanalytische Philosophie des Selbstbewusstseins insbesondere der Kritik an egologischen Reifizierungen. Sie richtet sich gegen dualistische Implikationen des mentalistischen und egologischen Vokabulars, worin sie den Grund für die zahlreichen Kategorienverwechslungen in der Philosophie des Geistes sieht – was sich bereits bei der Formulierung des Körper-Bewusstsein-Problems zeige. Überdies gingen mit den Reifizierungen quasi-mechanistische Vorstellungen einher, in denen das Bewusstsein als ein Ding anderer Art erscheine, dessen Eigenschaften man sich nur vermittels Negationen wie »nicht ausgedehnt« oder »nicht materiell« nähern könne.[40]

Im Gegenzug zur fehlerhaften Verwendung des mentalistischen und egologischen Vokabulars sowie vor dem Hintergrund des Sachverhalts, dass der Ausdruck »ich« weder als Eigenname noch als Demonstrativpronomen oder versteckte Beschreibung verstanden werden kann, ist in der analytischen Philosophie des Geistes der weitergehende Schluss gezogen worden, dass es im Sprachgebrauch überhaupt keinen Anhalt für Selbstbewusstsein gebe. Es ließen sich allenfalls höherstufige Bewusstseinszustände ausmachen, die selbst nicht reflexiv seien und lediglich andere Bewusstseinszustände thematisierten.

Die Kritik am mentalistischen beziehungsweise egologischen Vokabular ist im Hinblick auf Reifizierungen und vermeintliche Selbstidentifikationen berechtigt. Bei den Versuchen, das Phänomen des Selbstbewusstseins als solches konstruktiv zu eliminieren, wird aber verkannt, dass von der Zurückweisung von Vorstellungen zur Selbstidentifikation weder das Phänomen des Selbstbewusstseins noch der Sachverhalt der Selbstreferenz direkt betroffen sind. In der analytischen Philosophie des Selbstbewusstseins ist denn auch nicht darauf verzichtet worden, den sprachlichen Ausdrucksformen von Selbstbewusstsein auf die Spur zu kommen. Dabei werden nicht nur egologische Reifizierungen, sondern vor allem auch versteckte Anleihen bei Wahrnehmungs- oder Subjekt-Objekt-Modellen zurückgewiesen.

Die sprachanalytischen Untersuchungen zum Selbstbewusstsein haben zu einer Reihe von semantischen Ausdifferenzierungen geführt, die in einen unmittelbaren Zusammenhang mit Wittgensteins Unterscheidung zwischen Subjekt- und

Objektgebrauch des Ausdrucks »ich« gebracht werden können. Sie schließen der Sache nach sogar an Kants Konzeption der in sich differenzierten Selbstreferenz an. Denn die in ich-Sätzen verwandten Personal- und Reflexivpronomen lassen sich in personaler, lokaler und temporaler Hinsicht ausdeuten und insofern unmittelbar auf die konkreten Selbst- und Weltverhältnisse der jeweiligen Person beziehen.

Ein bedeutsamer Ertrag der sprachanalytischen Philosophie des Selbstbewusstseins besteht in der Entdeckung der quasi-indexikalischen Funktion des Ausdrucks »ich«. Castañeda hat bei seiner Untersuchung des Verhältnisses von Personalpronomen im nichtpropositionalen und im propositionalen Teil von ich-Sätzen gezeigt, dass selbstreferenzielle Ausdrücke der ersten Person in direkter und indirekter Rede nicht ohne Bedeutungsverlust durch kontextunabhängige Ausdrücke ersetzbar seien.[41]

Personen können mit indexikalischen Ausdrücken sowohl über eigene Selbstverhältnisse als auch über Selbstverhältnisse anderer Personen reden. Castañeda legt nun dar, dass zwischen Indikatoren, denen direkte Bezugnahmen des jeweils Sprechenden zugrunde liegen, und Quasi-Indikatoren, die im propositionalen Satzteil als indirekte Bezugnahmen syntaktisch und semantisch auf den Indikator im nichtpropositionalen Satzteil verweisen, unterschieden werden müsse. Wenn Castañeda in der Perspektive der ersten Person von sich selbst sagt: *Ich glaube, dass ich Herausgeber der Zeitschrift Nous bin*, dann kann der entsprechende Satz in der Perspektive der dritten Person in eindeutiger Weise nur mithilfe eines Quasi-Indikators ausgedrückt werden: *Castañeda glaubt, dass er* Herausgeber der Zeitschrift Nous sei*. Nur der quasi-indikatorische Bezug *er** im Sinne von »er selbst« macht kenntlich, dass Castañeda ein Selbstverhältnis ausdrückt und sich nicht – wie man auch meinen könnte – auf jemand anderen bezieht. Der Quasi-Indikator *er** bringt in der Form indirekter Rede einen Sachverhalt zum Ausdruck, den sich der in der Perspektive der dritten Person Angesprochene in direkter Rede unmittelbar selbst zuschreibt beziehungsweise zuschreiben würde. Nur mit Quasi-Indikatoren können Personen sich selbst und anderen Personen Selbstbewusstsein zuschreiben.

Die sprachliche Sonderstellung von deiktischen Ausdrücken und Quasi-Indikatoren ist in der analytischen Philosophie des Selbstbewusstseins als Beleg für die grundlegende Funktion von Selbstreferenz und die Irreduzibilität des Selbstbewusstseins gedeutet worden. Sie schlägt sich auch in der epistemischen Asymmetrie nieder, die zwischen Sätzen über psychische Zustände in der ersten und in der dritten Person besteht. Die Tatsache, dass eine Person Schmerzverhalten zeigt, kann sich sprachlich in der Perspektive der ersten Person und in der der dritten Person ausdrücken: 1. S_1 sagt: *Ich habe Schmerzen!*, 2. S_2 sagt: *S_1 hat Schmerzen!* Während die Verwendung von Prädikaten für psychische Zustände im Sinne einer veritativen Symmetrie kriteriell von der Perspektive der dritten Person abhängt, wird die epistemische Situation von Selbstzuschreibungen von der jeweiligen Erlebnisperspektive bestimmt. Ein Satz über einen psychischen Zustand p, der in der Perspektive der ersten Person geäußert wird, ist genau dann wahr, wenn auch ein entsprechender Satz in der Perspektive der dritten Person, der sich auf den psychischen Zustand p bezieht, wahr ist. Nur die Person, die sich in der Perspektive der ersten Person Schmerzen zuschreibt, hat unmittelbar Kenntnis von ihrem Zustand und nimmt gegenüber einem äußeren Beobachter einen privilegierten epistemischen Standpunkt ein.[42]

Dass zwischen Sätzen über psychische Zustände, die in der ersten und dritten Person ausgedrückt werden, einerseits eine veritative Symmetrie und andererseits eine epistemische Asymmetrie herrscht, kann als Anzeichen für einen Zusammenhang von sprachlichem Ausdruck und epistemischer Doppelperspektivität aufgefasst werden. Ein und dieselbe Tatsache – wie das Schmerzverhalten einer Person – ist der Grund sowohl für die Semantik einer sozialen Sprachpraxis als auch für die epistemische Sonderstellung der Erlebnisperspektive einer Person.

In der analytischen Philosophie des Selbstbewusstseins steht der Sachverhalt, dass der Subjektgebrauch des Ausdrucks »ich« grundlegender als sein Objektgebrauch ist, für die Irreduzibilität des Selbstbewusstseins. Der Grund für die Irreduzibilität wird in der Fähigkeit von Personen gesehen, kriterienlos in Selbstverhältnisse eintreten zu können. Personen orientieren sich in der Welt und gehen referenzielle Bindungen ein, weil sie sich zu sich selbst verhalten können, ohne sich selbst identifizieren zu müssen. Die Erträge der analytischen Philosophie des Selbstbewusstseins lassen sich in der Formel zusammenfassen, dass Personen sich zu ihrer Welt verhalten, indem sie sich immer auch zu sich selbst verhalten. Die epistemische und sprachliche Präsenz von Personen in der Welt der Ereignisse ist die notwendige Bedingung von Sätzen über diese Welt.

Die Rekonstruktion des Zusammenhangs von Selbstreferenz und Referenz ist auch ein Beitrag zum psychophysischen Problem. Die sprachliche Sonderstellung von ich-Sätzen läuft nicht auf eine Rückkehr zu kategorischen Abgrenzungen zwischen *res cogitans* und *res extensa* hinaus. Vielmehr zeigt sich, dass das Phänomen des Selbstbewusstseins auf einer internen Verbindung der Dimensionen des Psychischen und Physischen beruht.[43] Die eigenartige Grammatik des Ausdrucks »ich« ist fest in einen Sprachgebrauch eingebettet, der von Objekten und Eigenschaften im sozialen Raum handelt. In propositionaler Hinsicht stehen Personen in keinem anderen Verhältnis zu sich selbst als zu allen anderen Dingen in der Welt.

Die sprachanalytische Philosophie des Selbstbewusstseins zeichnet ein komplexes Bild von den Selbstverhältnissen menschlichen Bewusstseins. Aus dem Phänomen des Selbstbewusstseins lassen sich danach folgende Elemente rekonstruieren: die Erlebnisperspektive der jeweiligen Person, der propositionale Gehalt ihrer Bewusstseinszustände, mit denen sich Selbstbewusstsein ausdrückt, sowie quasi-indexikalische Bezugnahmen, mit deren Hilfe sie ihre jeweiligen Erlebnisse und Zustände thematisiert. In der eigenartigen Grammatik der Sprache des Selbstbewusstseins treten insofern Bestimmungen zutage, mit denen sich Strukturen des Bewusstseins der menschlichen Lebensform abzeichnen.

Fremdpsychisches

Der Schatten der philosophischen Entdeckung des Selbstbewusstseins ist das Problem des Fremdpsychischen. Es zeigt sich als epistemische Unsicherheit darüber, in welcher Weise Bewusstseinszustände, die ich mir selbst zuschreibe, auch anderen zugeschrieben werden können. Bekanntlich ist Descartes' radikalem Zweifel zufolge nur die Selbstgewissheit in ihrer Geltung unerschütterlich, während alle weiteren Aussagen und Sachverhalte, einschließlich der Existenz anderer Personen, nach wie vor dem generellen Zweifel ausgesetzt bleiben. Vom Standpunkt der methodisch verunsicherten Reflexion ist nie mit letzter Sicherheit zu sagen, ob die Akteure, die ich für Personen halte, wirklich Personen sind.

Die Methode des radikalen Zweifels erzeugt ein Problem des Fremdpsychischen, das in der angloamerikanischen Philosophie mit dem Ausdruck *problem of other minds* angesprochen wird.[44] Das Problem erwächst aus der Kluft zwischen den Reflexionsperspektiven der ersten und dritten Person. Im Rahmen von ontologischen wie erkenntnistheoretischen Fragestellungen ist zu klären, welche Möglichkeiten bestehen, Zugang zu anderen Erlebnisperspektiven zu finden. Insbesondere müssen die Bedingungen und Kriterien für propositionale Einstellungen benannt werden, mit denen ich mich auf mentale Akte und Zustände von anderen Subjekten oder Akteuren beziehe.

Bei den entsprechenden Lösungsversuchen wird in der Regel auf ein Analogieargument zurückgegriffen, das von einem

Zusammenhang zwischen mentalen Zuständen und körperlichen Verhaltensweisen ausgeht. Weil die reflektierende Person an sich eine Entsprechung von Bewusstseinszustand und körperlichem Verhalten erfährt, folgert sie, dass bei vergleichbarem körperlichem Verhalten anderer Akteure auch ähnliche Bewusstseinszustände unterstellt werden können. Trotz seiner pragmatischen Plausibilität kann das Analogieargument als solches kaum Rechtfertigungsfähigkeit beanspruchen. Das hängt vor allem damit zusammen, dass bei seiner Ausführung und Begründung bereits von Analogien Gebrauch gemacht wird, was unvermeidlich zu vitiösen Zirkeln oder Ableitungsregressen führt: Entweder wird die Präsenz von Fremdpsychischem schon vorausgesetzt, um die jeweiligen Projektionen vom Standpunkt der ersten Person auf den der zweiten oder dritten Person überhaupt adressatengerecht durchführen zu können, oder es muss bei jedem Begründungsschritt aufs Neue zwischen den verschiedenen personalen Standpunkten *per analogiam* vermittelt werden – auf diese Weise wird die Kluft vielleicht verkleinert, aber niemals geschlossen.

Um das Problem des Fremdpsychischen zu lösen, ist in der Philosophiegeschichte neben Analogieargumenten auch auf Analysen von spezifischen emotiven Zuständen zurückgegriffen worden. Dieser Position zufolge manifestiert sich in Phänomenen wie Empathie oder Mitleid faktisch immer schon der Schritt von der eigenen Erlebnisperspektive zum Erleben anderer Personen – ein Ansatz, der von so unterschiedlichen Philosophen wie David Hume und Arthur Schopenhauer (1788–1860) vertreten wird.

Jean-Paul Sartre (1905–1980) und Emmanuel Levinas (1906 bis 1995) weisen der Präsenz anderer Personen eine zentrale Stellung für die Philosophie insgesamt zu. In phänomenologischen Untersuchungen legen sie mit ganz unterschiedlichen theoretischen Zielsetzungen dar, dass die Anwesenheit anderer Personen keineswegs erschlossen werden müsse, sondern sich auf unmittelbare Weise in Wahrnehmungs- und

Handlungssituationen zeige. Sartre zufolge wird die Anwesenheit von anderen Personen im Modus unmittelbarer Gewissheit erlebt. Meine Wahrnehmungs- und Handlungssituation ändere sich grundsätzlich, wenn ich den Blick des Anderen spüre. Für Levinas manifestiert sich im Antlitz *(visage)* der anderen Person eine Realität, die von der Reflexion gar nicht vollständig zu erfassen ist und insofern als Quelle eigenständiger Erwartungen anerkannt werden müsse. Das Antlitz des Anderen sei aber keineswegs – wie bei Sartre – die Grenze, sondern die Erweiterung des eigenen Reflexionsraums.

Die phänomenologischen Untersuchungen zur Präsenz des Anderen wenden sich gegen die unzulässigen Verengungen der cartesianischen Bewusstseinsphilosophie, die das Problem des Fremdpsychischen überhaupt erst erzeugt hätten. Diese Kritik wird auch von der analytischen Philosophie geteilt. Sie bemüht sich insgesamt um den Nachweis, dass das Fremdpsychische kein epistemischer Sonderfall sei, und bemängelt, dass ein solcher Eindruck nur durch dualistische Abgrenzungen zwischen dem Standpunkt der ersten Person und dem der dritten Person sowie zwischen den Bereichen des Psychischen und des Physischen hervorgerufen werde.

In Kontinuität mit den sprachkritischen Zielsetzungen der analytischen Philosophie interpretiert Strawson die Abhängigkeit von mentalen Zuständen und körperlichem Verhalten in der Weise, dass eine Person in der Lage sei, sich selbst Prädikate zuzuschreiben, weil sie diese auch anderen Personen zuschreiben könne. Er unterscheidet dabei zwischen P-Prädikaten, wie »lächelt« oder »überlegt«, bei denen der Bezug zu einem Bewusstseinssubjekt vorausgesetzt ist, und M-Prädikaten, wie »wiegt fünf Kilo« oder »befindet sich im Fluss«, die nur auf Körper angewandt werden.[45] Im Hinblick auf das Problem des Fremdpsychischen sind P-Prädikate von besonderem Interesse, weil sich in ihnen genuine Bestimmungen personalen Lebens ausdrücken. Strawson macht an den P-Prädikaten die Eigentümlichkeit aus, dass sie über eine einheitliche Bedeutung verfügen, obwohl sie in der Regel bei Fremdzuschreibungen beobachtungsabhängig und bei Selbstzuschreibungen beobachtungsunabhängig verwandt werden.

Aus den sprachanalytischen Überlegungen zur semantischen Symmetrie der Perspektiven der ersten und dritten Person sind noch weitergehende Konsequenzen gezogen worden, denen zufolge das Problem des Fremdpsychischen letztlich ein Scheinproblem ist. Wiederum wird der cartesianische Ansatz, die subjektive Reflexionsperspektive zum Ausgangspunkt aller epistemischen Einstellungen zu machen, als Ursprung des Problems gesehen. Werde diese Verengung korrigiert, ergebe sich eine andere Ausgangssituation. Subjektive Erlebnisperspektive und Fremdpsychisches wären dann nur verschiedene Ausdrucksformen personalen Lebens im sozialen Raum. Dieser Sachverhalt lasse sich auch an der Praxis der Alltagssprache ablesen, die P-Prädikate in weitgehend einheitlicher Weise und ungeachtet der epistemischen Asymmetrien zwischen den Standpunkten der ersten und dritten Person einsetzt.

Bereits Wittgenstein hat darauf hingewiesen, dass die Alltagssprache keinen Anhalt für skeptische Erwägungen zum Problem des Fremdpsychischen biete. Obwohl es für mein Erleben von entscheidender Bedeutung sei, ob ich oder jemand anders sich in einem Schmerzzustand befinde, zeige sich in der Weise, in der ich meinen eigenen Schmerz ausdrücke, kein grundsätzlicher Unterschied zu der Weise, in der sich der Schmerz anderer Personen äußere.

Wittgensteins Überlegungen zum Unterschied zwischen Alltagssprache und theorieinduzierten Problemen sind gut geeignet, skeptische Erwägungen zur Realität des Fremdpsychischen zurückzudrängen. Gleichwohl können die durch skeptische Erwägungen hervorgebrachten Unsicherheiten nicht vollständig ausgeräumt werden. Dies zeigt sich nicht zuletzt bei problematischen Entscheidungssituationen im Umgang mit dem entstehenden und vergehenden menschlichen

Leben. Im Fall von Komapatienten kann nicht mit letzter Sicherheit gesagt werden, über welche Formen des Erlebens sie noch verfügen. Zudem ist das Problem des Fremdpsychischen keineswegs auf die menschliche Lebensform begrenzt. Auch der Umgang mit Tieren ist stark von Mutmaßungen zur Empfindungsfähigkeit bestimmt, denen letztlich sichere epistemische Fundamente fehlen.

Intentionalität

Neben Selbstbewusstsein ist Intentionalität ein weiteres Strukturmerkmal menschlichen Bewusstseins. Unter Intentionalität ist die bewusste Bezugnahme auf einen Sachverhalt zu verstehen. Während Körper lediglich in kausalen Verhältnissen zueinander stehen und die Einwirkungen, denen sie ausgesetzt sind, sich als äußerliche Vorgänge ereignen, zeichnen sich Bewusstseinszustände dadurch aus, dass sie sich auf etwas richten, einen Gehalt haben. Sie bedeuten etwas oder handeln von etwas. Zur Bezeichnung dieses Merkmals ist in der angloamerikanischen Philosophie auch der Ausdruck *aboutness* eingesetzt worden. Intentionales Bewusstsein ist zudem dadurch gekennzeichnet, dass es einzelne Aspekte aus der Welt der Ereignisse herausgreifen beziehungsweise identifizieren kann, ohne auf die Präsenz der jeweiligen Objekte angewiesen zu sein. Gegenstand intentionalen Bewusstseins muss keineswegs das sein, was gerade der Fall ist. Es können Sachverhalte aus vergangenen Zeiten und an fernen Orten genauso thematisiert werden wie mögliche oder fiktive Welten. Nicht zuletzt kann intentionales Bewusstsein fehlgehen. Es kann Personen oder Gegenstände für etwas halten, was sie nicht sind.

Es ist in der Philosophie des Geistes umstritten, ob jeder Fall von Bewusstsein zugleich ein Fall intentionalen Bewusstseins ist. Vor allem bei Zuständen wie Schmerz, Trauer oder Übermut ist es fraglich, ob im eindeutigen Sinne von intentionalen

Korrelaten ausgegangen werden kann. Unabhängig von dieser Extensionsproblematik gilt Intentionalität aber zu Recht als genuine Eigenschaft von Bewusstsein. Die Fähigkeit, sich auf etwas anderes zu beziehen, fehlt allen Ereignissen, die ausschließlich mit physikalischen Prädikaten identifizierbar sind.

Die bewusste Bezugnahme ist ein selbstverständliches Phänomen der Alltagserfahrung von Personen. Ihre philosophische Erfassung bereitet gleichwohl Schwierigkeiten. Insbesondere in der Außenperspektive beziehungsweise unter der Voraussetzung physikalistischer Weltbeschreibungen erscheint es rätselhaft, dass einige physische Systeme, nämlich denkende Körper, sich bewusst auf andere physische Systeme beziehen können. Auch die Wechselwirkung zwischen diesen Systemen, die sich offenbar auf dem Wege der ständigen Transformation von Physischem in Psychisches und von Psychischem in Physisches vollzieht, bleibt undurchsichtig. Es ist denn auch darauf hingewiesen worden, dass im Hinblick auf grundsätzliche Fragestellungen und kategorische Abgrenzungen die Intentionalitätsproblematik und das psychophysische Problem vergleichbar seien.

Auf das Intentionalitätsproblem kann mit zwei grundsätzlich verschiedenen Ansätzen reagiert werden, die jeweils von einem Element des Verhältnisses von Psychischem und Physischem ihren Ausgang nehmen. Die mentalistische Innen-außen-Theorie versucht von psychischen Phänomenen ausgehend den Gehalt intentionalen Bewusstseins zu bestimmen. Die naturalistische Außen-innen-Theorie setzt dagegen bei objektiven Vorgängen an, um aus ihnen heraus epistemische Haltungen zu Erlebnissen und Ereignissen zu konstruieren. Beide Ansätze sind mit der Schwierigkeit belastet, dass sie aufgrund ihrer einseitigen Vorgehensweise intentionales Bewusstsein als Ganzes nicht erfassen können – entweder bleibt der Ort der Intentionalität in der Welt der Ereignisse oder der intentionale Akt als solcher unterbestimmt.

Die philosophische Auseinandersetzung mit dem Phänomen

der Intentionalität steht zu einem Großteil im Zusammenhang mit detaillierten Beschreibungen von Akten und Zuständen des Bewusstseins. Insbesondere den phänomenologischen Intentionalitätsanalysen kommt das Verdienst zu, das Instrumentarium der deskriptiven Erfassung verfeinert und strukturelle Eigenschaften bewusster Bezugnahmen herausgearbeitet zu haben.

Den Begriff der Intentionalität haben Brentano und Husserl in die neuere Philosophie des Geistes eingeführt. Der phänomenologischen Grundlegung folgen sprachanalytische Revisionen und Weiterführungen, die Intentionalität semantisch auch als Repräsentationalität oder Propositionalität thematisieren. Eine dritte Phase der Theorie der Intentionalität vollzieht sich vor dem Hintergrund neuerer Entwicklungen der Künstliche-Intelligenz-Forschung. Diese Phase ist durch Versuche gekennzeichnet, den Begriff der Intentionalität aus seiner engen Verbindung mit dem menschlichen Bewusstsein zu lösen und auch auf andere Lebensformen oder Systeme künstlicher Intelligenz zu übertragen.

Der Begriff der Intentionalität wird von Brentano als konstitutive Bestimmung menschlichen Bewusstseins eingeführt. Er entnimmt den Begriff der scholastischen Erkenntnistheorie, die unter »Intentionalität« einen mentalen Akt versteht, mit dem Irreales im Sinne eines aktbedingten *esse intentionale* zu verbinden sei. Auch unterscheidet sie bereits zwischen einer sich auf einen Gegenstand richtenden *intentio prima* und einer sich auf abstrakte Bestimmungen und Reflexionsverhältnisse beziehenden *intentio secunda*.

Brentano knüpft zwar an die scholastischen Überlegungen zum *esse intentionale* an, sein Ansatz ist aber hauptsächlich durch das Bemühen gekennzeichnet, dem Erlebnischarakter und der Vielfalt psychischer Phänomene Rechnung zu tragen. Er unterstellt, dass sich die gesamte Welt der Erscheinungen in die Klassen physischer und psychischer Phänomene einteilen lasse. Zu den physischen Phänomenen rechnet er Wahrnehmungen von Farben, Figuren, Landschaften,

Wärme, Kälte oder Geruch. Psychische Phänomene sind für ihn unter anderem Akte des Vorstellens wie das Hören eines Tons oder das Sehen eines farbigen Gegenstandes sowie Urteile, Erinnerungen, Erwartungen, Meinungen und das gesamte Spektrum emotionaler Zustände. Die Eigentümlichkeit der Begriffsprägung Brentanos besteht darin, dass er physische Phänomene von vornherein nicht als bewusstseinsunabhängige Objekte verstanden wissen will.

Brentano bemängelt ausdrücklich, dass es bislang an einer klaren Unterscheidung zwischen physischen und psychischen Phänomenen gefehlt habe. Im Bemühen um eine inhaltlich angemessene Begriffsklärung folgt er zunächst Descartes und macht geltend, dass alle psychischen Phänomene durch die Abwesenheit von räumlichen Relationen gekennzeichnet seien. Ihnen fehle offenbar die räumliche Lage. Er gesteht allerdings ein, dass es Gründe gebe, auch einigen physischen Phänomenen die Ausdehnungslosigkeit zuzubilligen, wie das etwa von Berkeley für Farben angenommen worden ist.[46]

Ein eindeutiges Kriterium für die Abgrenzung der psychischen von den physischen Phänomenen stellt Brentano zufolge erst die Eigenschaft der Intentionalität dar. Jedes psychische Phänomen sei durch das bestimmt, was in Anlehnung an eine scholastische Begriffsprägung die intentionale Inexistenz eines Gegenstands genannt werden könne. Damit sei die immanente Gegenständlichkeit des Bewusstseins gemeint, die in der Bezugnahme auf einen spezifischen Inhalt oder im Gerichtetsein auf ein Objekt bestehe.

Zwei bedeutsame Erträge von Brentanos Untersuchungen betreffen die phänomenale Eigenständigkeit des Bewusstseins und seine Binnenstruktur. Er zeigt, dass intentionales Bewusstsein sich unabhängig vom ontologischen Status seines Korrelats immer auf *etwas* beziehe. Deshalb warnt Brentano davor, die immanente Gegenständlichkeit mit einer Realitätsbehauptung zu verwechseln. Das, was gedacht werde, müsse nicht so, wie es gedacht werde, auch existieren. Der Begriff der intentionalen Inexistenz dürfe aber gleichwohl nicht so verstanden werden, als verweise er auf die bloße Fiktionalität der Bewusstseinsinhalte. Er solle vielmehr anzeigen, dass der Gehalt intentionaler Zustände lediglich von der Präsenz im Bewusstsein abhänge.

Die ontologische Unabhängigkeit von unmittelbaren Korrespondenzbeziehungen zu Gegenständen oder Ereignissen in Raum und Zeit ist für Brentano darin begründet, dass der jeweilige intentionale Akt den Gehalt der Bewusstseinszustände bestimmt. In der Vorstellung werde etwas vorgestellt, im Urteil etwas anerkannt oder verworfen, in der Liebe geliebt, im Hass gehasst oder im Begehren begehrt. Diese immanente Gegenständlichkeit sei eine Eigenschaft beziehungsweise ein Merkmal mentaler Akte und keine Eigenschaft von Ereignissen, die vollständig physikalistisch beschrieben werden können. Dabei spiele es zunächst auch keine Rolle, ob sich intentionale Akte auf Gegenstände oder Ereignisse in Raum und Zeit oder auf psychische Zustände wie Wünsche, Hoffnungen oder Befürchtungen beziehen.

Brentanos Intentionalitätsanalysen werden von Husserl weiterentwickelt. Seiner Phänomenologie zufolge können philosophische Grundfragen – aus dem Bereich der Erkenntnistheorie genauso wie aus dem der Ontologie – nicht ohne ein Verständnis von Denken und Erkennen beantwortet werden.[47] Die phänomenologischen Bewusstseinsanalysen müssten deshalb auf strukturelle Eigenschaften des Bewusstseins und nicht auf psychologische Aufklärungen im engeren Sinne abzielen.

Husserl bemüht sich um phänomenologische Präzisierungen intentionaler Akte. Er rückt in diesem Zusammenhang von Brentanos These der intentionalen Inexistenz ab und konzentriert sich in seinen Analysen auf den Intentionalitäts*akt*.[48] Es ist Husserl zufolge ein schwerer Irrtum, zwischen einem bloß immanenten oder intentionalen Gegenstand auf der einen Seite und transzendenten Gegenständen auf der anderen Seite beziehungsweise zwischen dem im Bewusstsein vorhandenen Zeichen oder Bild sowie der bezeichneten oder abgebildeten Sache zu unterscheiden. Am Intentionalitätsakt lasse sich vielmehr ablesen, dass das, worauf er sich beziehe, gerade nicht in ihm eingeschachtelt sei. Intentionale Bewusstseinszustände zeichneten sich dadurch aus, dass ihr Gehalt über die jeweilige mentale Gegebenheit hinausweise. Entsprechend habe die phänomenologische Analyse lediglich von der Gegebenheit des Meinens auszugehen, nicht von seinem Gegenstand. Wenn dieser Gegenstand tatsächlich existiere, so existiere nicht nur die Intention des Meinens, sondern eben *auch* das Gemeinte.

Der in den klassischen Arbeiten von Brentano und Husserl entfaltete phänomenologische Begriff der Intentionalität bringt zwei wesentliche Strukturelemente in die neueren Bewusstseinsanalysen ein: zum einen die Relation der Intentionalität, das Gerichtetsein auf einen Gegenstand, und zum anderen die intentionale Immanenz, die Unabhängigkeit des Gehalts intentionalen Bewusstseins von dem, was in Raum und Zeit der Fall ist. Als Schwäche des phänomenologischen Intentionalitätsbegriffs gilt, dass er noch vereinfachenden Bewusstseinsmodellen verhaftet bleibt und der referenzielle Sinn des Begriffs der intentionalen Immanenz letztlich unklar bleibt. Darüber hinaus wird kritisiert, dass er keine befriedigende Erklärungsperspektive für Selbstverhältnisse bereitstellen könne. Unter seinen Bedingungen ließen sich Selbstverhältnisse nur als Verschachtelungen von zusätzlichen intentionalen Akten konstruieren, was ersichtlich auf einen unendlichen Regress hinauslaufe. Deshalb wird bei der philosophischen Aufklärung des Phänomens des Selbstbewusstseins davon abgesehen, auf den Begriff der Intentionalität zurückzugreifen.

Die analytische Philosophie begegnet dem Phänomen der Intentionalität im Vergleich zum phänomenologischen Ansatz mit differenzierteren Interpretationen. Ihrer zentralen These zufolge kann Intentionalität nur als Propositionalität verstanden werden. Intentionalität ist danach eine Relation, die Einstellungen einer Person mit Sachverhalten in Beziehung setzt: *S {glaubt, wünscht, hofft etc.}, dass p.* Mit der Ausrichtung an propositionalen Einstellungen soll nicht zuletzt das Problem der traditionellen Intentionalitätsanalysen umgangen werden, beim Gehalt von Bewusstseinszuständen intentionale Inexistenz unterstellen zu müssen. Wenn die Person *S* tatsächlich wünscht, dass im Wald Einhörner lebten, dann beziehe sich *S* nicht auf einen Gegenstand, aber eben auch nicht auf nichts. Sie nehme vielmehr die Haltung ein, als könnten Einhörner im Wald leben. Für eine solche propositionale Einstellung müsse sie keine weiteren Annahmen im Hinblick auf das machen, was vorgestellt wird, und das, was existiert. In sprachanalytischer Hinsicht manifestiert sich intentionales Bewusstsein in einem Satz über eine propositionale Einstellung, der Begriffe oder Beschreibungen in der Weise enthält, dass seine Wahrheitsbedingungen nicht davon abhängig sind, ob der propositionale Satzteil zutrifft oder nicht.

Die sprachanalytischen Intentionalitätsanalysen wollen die ontologischen Schwierigkeiten der Innen-außen-Theorie ausräumen. Für diese Schwierigkeiten machen sie traditionelle Ansätze verantwortlich, die von vereinfachenden Subjekt-Objekt-Modellen ausgehen oder auf die Methode der Introspektion zurückgreifen. Vor allem Sellars entfaltet seine Intentionalitätsanalysen vor dem Hintergrund der Kritik an traditionellen Ansätzen. Er wendet sich sowohl gegen den von ihm so genannten empiristischen Mythos des Gegebenen als auch gegen die Methode der Introspektion. Unter dem »Mythos des Gegebenen« versteht er die Behauptung, dass empirisches Wissen ein theorieunabhängiges Beobachtungsfundament habe und ein in der Anschauung Gegebenes als nichtbegriffliche Grundlage des Gegenstandsbezugs intentionalen Bewusstseins fungiere. Sellars zufolge ist der Mythos des Gegebenen zurückzuweisen, weil er auf unzulässige Weise kausale Verhältnisse mit semantischen Relationen vermischt, die spezifische Funktionen in Erklärungen und Begründungen einnehmen.

An Ansätzen, die sich methodisch an introspektiven Zugangsweisen orientieren, kritisiert Sellars, dass sie den Unterschied zwischen der Fähigkeit bewussten Erlebens und einem Wissen über die jeweiligen Bewusstseinsprozesse nicht hinreichend berücksichtigten. Um ein solches Wissen erlangen zu können, müssten mentale Zustände wie empirische Sachverhalte aufgefasst und ein entsprechender Zusammenhang von Beobachtung beziehungsweise Identifikation und theoretischer Rekonstruktion hergestellt werden. Sellars arbeitet den für die Belange der Philosophie des Geistes überaus bedeutsamen Unterschied zwischen dem Phänomen des Bewusstseins und dem Wissen über Bewusstseinsvollzüge heraus. Viele Fehlschlüsse der traditionellen Ansätze lassen sich auf das Verkennen dieses Unterschieds zurückführen. Denn bei der Analyse von Bewusstseinsvollzügen gibt es keinen privilegierten oder introspektiven Zugang. Wissen über Bewusstsein ist von anderen Formen des Wissenserwerbs nicht grundsätzlich verschieden. Den Analysen von Sellars ist zu entnehmen, dass im Unterschied zur Infallibilität einiger Selbstverhältnisse das Wissen über mentale Zustände grundsätzlich korrigierbar ist.

Der methodische Vorteil der sprachanalytischen Konzeption, Intentionalität als Propositionalität aufzufassen, ist darin begründet, dass die starre Entgegensetzung von Innen-außen-Theorie und Außen-innen-Theorie an Härte verliert. Die Einbettung von Intentionalität in die Sprachpraxis und das beobachtbare Verhalten von Personen verhindert subjektivistische Verengungen. Sie umgeht auch die Gefahr eines Rückfalls in eliminativistische Strategien. Die Sprachpraxis schließt nämlich auch ein mentalistisches Vokabular ein, in dem Innerlichkeit ihren sprachlichen Ausdruck findet. Sellars spricht in diesem Zusammenhang ausdrücklich von inneren Gedankenepisoden, die der Bestimmung nach weder mit öffentlich beobachtbarem Verhalten noch mit inneren Wahrnehmungen zusammenfielen.

Den Hauptströmungen der analytischen Philosophie zufolge

kann sich intentionales Bewusstsein nur in der Form von Propositionalität vollziehen. In der analytischen Philosophie gibt es allerdings auch Entwicklungen, die diesem Ansatz zurückhaltend begegnen und sich wieder dem klassischen Intentionalitätsbegriff von Brentano und Husserl annähern. Insbesondere Roderick Chisholm (1916–1999) und John Haugeland (*1945) haben die Irreduzibilität der Intentionalität verteidigt. Sie wenden sich dabei grundsätzlich gegen ein Primat der Sprache vor der Intentionalität. Vielmehr seien Gedanken unabhängig von sprachlichen Manifestationsformen eigenständige Quellen der Intentionalität. Nur durch intentionale Akte hätten Worte überhaupt einen Gehalt. Der nahe liegende Schluss, dass der Gehalt sich nur sprachlich ausdrücken lasse, wird zurückgewiesen. Der Gehalt menschlichen Bewusstseins sei vielmehr durch eine ursprüngliche Intentionalität gekennzeichnet, die nicht in den propositionalen Strukturen von Glaubens- oder Wissenssätzen aufgehe.

Die Verteidigung des Primats ursprünglicher Intentionalität ist der Innen-außen-Theorie verpflichtet. Alle Spielarten der Außen-innen-Theorie werden unter den Vorbehalt gestellt, dass eine Ausrichtung am Standpunkt eines äußeren Beobachters vom Ansatz her den phänomenalen Gehalt intentionalen Bewusstseins nicht angemessen berücksichtigen könne. Auch der *linguistic turn* habe grundsätzlich nichts daran geändert, dass Intentionalität aus der Perspektive der ersten Person rekonstruiert werden müsse.[49]

In der neueren Philosophie des Geistes stehen der Wiederannäherung an die klassische Innen-außen-Theorie eine Reihe von Versuchen gegenüber, unter den methodischen Bedingungen einer Außen-innen-Theorie Intentionalität zu naturalisieren oder sogar zu eliminieren. Ausgangspunkt ist nicht die Intentionalitätsanalyse im engeren Sinne, sondern die Frage, welchen Ort das Phänomen des Bewusstseins – soweit es denn als solches anzuerkennen sei – in der Welt der Ereignisse einnehmen könne. Entsprechend verändert sich in naturalistischen Außen-innen-Theorien gegenüber traditionellen Intentionalitätsanalysen auch der konzeptionelle Standpunkt. Naturalistische Ansätze thematisieren Intentionalität nicht als Bewusstseinsphänomen, sondern suchen nach einer Erklärung dafür, wie physische Systeme in der Welt der Ereignisse sich auf andere physische Systeme beziehen können beziehungsweise wie es möglich ist, dass in der natürlichen Welt etwas für etwas anderes steht. Ihr methodischer Ausgangspunkt ist in der Überzeugung begründet, dass den Schwierigkeiten und Unbestimmtheiten von Intentionalitätsanalysen am besten durch die Orientierung an der kausalen Rolle von Repräsentationen zu begegnen sei. Deshalb ist die methodische Struktur der jeweiligen Lösungsansätze dadurch gekennzeichnet, dass die Basis intentionalen Bewusstseins von vornherein im Bereich nichtmentaler Elemente oder nichtintentionaler Sachverhalte angesetzt wird – beispielsweise in der Übertragung von Informationen oder in biologischen Funktionen.

Naturalistische Intentionalitätstheorien sind von der Erwartung geprägt, das notorische Problem der mentalen Verursachung lösen zu können. Deshalb rücken sie Bestimmungen und Funktionen der Kausalität ins Zentrum ihrer konzeptionellen Überlegungen. Es wird zwar gemeinhin eingeräumt, dass Kausalität und Intentionalität nur schwer aufeinander abzubilden seien, andererseits dürfe aber nicht übersehen werden, dass sie immerhin die Eigenschaft teilten, eine spezifische Richtung zu haben. Es ist dieser Sachverhalt, den sich die naturalistischen Ansätze zunutze machen wollen. Genauso wie intentionales Bewusstsein sich auf einzelne Ereignisse beziehe, stelle sich bei Verursachungen ein kausales Verhältnis zwischen einzelnen Gegenständen ein. Um Intentionalität konkret aus kausalen Verhältnissen heraus entwickeln zu können, werden unter anderem natürliche Anzeigefunktionen beziehungsweise natürliche Repräsentationen unterstellt, von denen im Weiteren angenommen wird, dass ihre Quellen Evolutions- und Lernprozesse seien.

Die methodische Ausrichtung am Zusammenhang von Repräsentation und biologischer Funktion ist kennzeichnend für teleologische Ansätze der Naturalisierung von Intentionalität – wie sie sich etwa bei Fred Dretske (*1932)[50], Ruth Millikan (*1933)[51] und David Papineau (*1947)[52] finden. Sie deuten Intentionalität im Wesentlichen als eine Eigenschaft des menschlichen Gehirns, die sich wie die Herausbildung anderer körperlicher Funktionen langfristigen evolutionären Prozessen verdanke. Auch wenn Bewusstseinsprozesse interne Zustände seien, könne Intentionalität nur in Bezug auf ihre funktionalen Wirkungen in Vorgängen der natürlichen Welt erklärt werden. Dretske orientiert sich in seiner Theorie der natürlichen Repräsentation an informationstheoretischen Interpretationen von biologischen Funktionen. Ihm zufolge erfüllen sensorische Repräsentationen die Funktion, in und zwischen Systemen Informationen zu übermitteln, die für den jeweiligen Organismus nützlich sind und insofern kausalen Einfluss auf seine Erhaltung haben. Er geht davon aus, dass dieser informationstheoretische Sachverhalt eine ausreichende Grundlage für die Entwicklung einer Konzeption natürlicher Intentionalität beziehungsweise natürlicher Repräsentationen abgibt.

Gegen die teleologischen Naturalisierungsprojekte ist der Einwand zu erheben, dass der Begriff der natürlichen Repräsentation schon vom semantischen Ansatz her unklar bleibt, weil in ihm genealogische Bestimmungen einerseits sowie erkenntnistheoretische und bewusstseinsphilosophische Bestimmungen andererseits umstandslos zusammengefasst werden. Der evolutionäre Prozess der Herausbildung des menschlichen Organismus ist für sich noch keine Erklärung seiner psychischen Eigenschaften und epistemischen Leistungen. Der Begriff der natürlichen Repräsentation täuscht darüber hinweg, dass Repräsentationen Intentionalität und Propositionalität bereits voraussetzen. Der sensorische Gehalt einer Beobachtung erfüllt nur im Rahmen von propositionalen Einstellungen eine repräsentative Funktion. Eine Wolke repräsentiert genauso wenig bevorstehenden Regen wie die Erwärmung der Luft den Wechsel einer Jahreszeit. Nur Personen, die bereits über spezifische epistemische Voraussetzungen verfügen, werden einen entsprechenden Zusammenhang zwischen Anzeichen und künftigem Ereignis herstellen, was auch die Möglichkeit einschließt, dass sie sich in ihren Annahmen irren.

Die teleologische Theorie natürlicher Repräsentation enthält eine Reihe von Hinweisen zur ontologischen und biologischen Verortung intentionaler Systeme. Als typischer Fall einer Außen-innen-Theorie handelt sie von Intentionalität aber nur in einem übertragenen Sinne. Für Bewusstseinsanalysen sind die Naturalisierungsprojekte wenig ertragreich, zumal sie die methodische Ausrichtung mit Ansätzen teilen, die von der Geschlossenheitsthese beherrscht werden.

In der neueren Philosophie des Geistes ist noch ein weiterer sprachphilosophischer Ansatz entwickelt worden, der dadurch gekennzeichnet ist, dass er auf Überlegungen zu einer naturalistischen Verankerung des Phänomens der Intentionalität von vornherein verzichtet. Der so genannte Interpretationismus, dem beispielsweise Donald Davidson und Daniel C. Dennett (*1942) zuzurechnen sind, geht nicht mehr davon aus, dass Propositionalität im Rahmen von physikalistischen oder naturalistischen Reduktionen erklärbar ist. Es wird auf die Abhängigkeit propositionaler Einstellungen von spezifischen Interpretationssituationen verwiesen, die sich aus dem Zusammenspiel von Verhalten, sprachlichem Ausdruck und Erwartung beziehungsweise Vorhersagbarkeit ergeben. Für den Interpretationismus ist bei Zuschreibungen von Intentionalität nicht der interne Zustand einer Person von Bedeutung, sondern das, was mit den jeweiligen Ausdrücken sprachlich bewirkt werden kann.

Eine sehr weitgehende Ausgestaltung dieser Position ist Dennetts semantischer Instrumentalismus. Er hält nicht mehr daran fest, den Begriff der Intentionalität allein für Zuschreibungen von Eigenschaften menschlichen Bewusstseins zu verwenden.[53] Vielmehr könnten Systeme bereits dann als intentional bezeichnet werden, wenn ihre Zustände durch die Unterstellung von Meinungen, Absichten oder Wünschen als berechenbar erscheinen. Entsprechend sei die Verwendung von Ausdrücken für intentionale Akte berechtigt, wenn sie Vorhersagen zukünftiger Zustände des Systems ermöglicht. Der instrumentalistische Ansatz unterstellt, dass man im Umgang mit komplexen Systemen verschiedene und voneinander unabhängige Einstellungen einnehmen könne, die sich an der physischen Beschaffenheit, den funktionalen Bestimmungen oder eben den Intentionalitätszuschreibungen orientierten. Diese Differenzierung veranschaulicht Dennett am Beispiel des Umgangs mit einem Schachcomputer. Die vollständige Kenntnis seiner materiellen Bestandteile verschaffe noch kein Wissen über seine komplexen Funktionsweisen und Spielstrategien. Die funktionelle Einstellung habe wiederum keinen Nutzen bei der Entwicklung von Strategien, mit denen der Schachcomputer besiegt werden soll. Für eine solche Strategie werde der Einsatz von Ausdrücken für intentionale Akte benötigt. Aus diesen Gründen sind für Dennett die für eine Innen-außen-Theorie typischen Überlegungen zu intrinsischen Qualitäten intentionaler Akte schlichtweg überflüssig.

Auch gegen die instrumentalistischen Kontextualisierungen ist das Primat der Intentionalität verteidigt worden. In einer viel beachteten Kontroverse mit Dennett hat John R. Searle (*1932) der inflationären Verwendung des Intentionalitätsbegriffs entschieden widersprochen und das Primat der Intentionalität gegenüber der Propositionalität behauptet. Er trifft die grundsätzliche Unterscheidung zwischen intrinsischen und metaphorischen Formen von Intentionalität. Danach müssen Formen intrinsischer Intentionalität, die sich in propositionalen Einstellungen äußern, strikt von metaphorischen Verwendungsweisen einer Als-ob-Intentionalität abgegrenzt werden.[54]

Die Ablösung des Intentionalitätsgedankens vom menschlichen Bewusstsein gelingt Searle zufolge nur deshalb, weil die Innenperspektive vom Ansatz her ausgeklammert und durch Oberflächenphänomene ersetzt wird, die nur dem äußeren Beobachter zugänglich sind. Dies exemplifiziert er an dem berühmten Gedankenexperiment zum *Chinesischen Zimmer*: Eine Person, die der chinesischen Schrift und Sprache nicht mächtig ist, ist in einen Raum eingeschlossen. In dem Raum befinden sich Körbe mit chinesischen Symbolen. Die Person erhält ein Handbuch, mit dem die Symbole formal in Beziehung zueinander gesetzt werden können. Zettel mit Fragen auf Chinesisch werden in das Zimmer hineingereicht, denen die Person mit Hilfe des Handbuchs Symbole aus einem Korb zuordnet und aus dem Zimmer herausreicht. Für den äußeren Beobachter ergibt sich nun das Bild eines Diskurses in chinesischer Sprache. Die Person im chinesischen Zimmer weiß aber gar nicht, was die Eingangs- und Ausgangsdaten bedeuten. Sie versteht im buchstäblichen Sinne nicht, was sie tut. Dieses Hantieren mit chinesischen Zeichen entspricht Searle zufolge in formaler Hinsicht dem prominenten Anwendungsfall von Als-ob-Intentionalität, der so genannten künstlichen Intelligenz.[55] Den Defiziten von Konzeptionen einer Als-ob-Intentionalität könne gleichsam im Gegenzug entnommen werden, dass Intentionalität an die natürlichen Bedingungen der menschlichen Lebensform gebunden sei.

Ungeachtet des breiten Spektrums gegenläufiger Ansätze zeichnen sich in den Intentionalitätsdiskursen der neueren Philosophie des Geistes eine Reihe von Erträgen ab: So ist trotz der Vielzahl von Eliminationsversuchen davon auszugehen, dass sich Intentionalität nicht in introspektiven Zugängen oder nach Maßgabe einzelner mentaler Akte erfassen, nicht auf physikalische Ereignisse beziehungsweise biologische Anpassungen reduzieren und nicht allein aus öffentlichem Sprachverhalten ableiten lässt.

Im Hinblick auf die neuere Theorie der Intentionalität ist nach wie vor ein methodischer Gegensatz zwischen Innen-außen-Theorie und Außen-innen-Theorie auszumachen. Während sich die Außen-innen-Theorie im Wesentlichen den natürlichen Bedingungen und Kontexten von Intentionalität zuwendet, rückt die Innen-außen-Theorie das Phänomen der Intentionalität als solches in den Mittelpunkt der Analysen. Ohne eine endgültige Entscheidung über diese Theoriealternative zu treffen, haben sich die Bewusstseinsanalysen zunächst an der Innen-außen-Theorie zu orientieren, weil nur in ihr Intentionalität als ein eigenständiges Phänomen behandelt wird. Das bedeutet nicht, dass nunmehr zu klassischen phänomenologischen Ansätzen zurückzukehren ist. Der *linguistic turn* stellt auch für die Intentionalitätsanalyse eine methodische Zäsur dar. Vielmehr besagen die begriffsanalytischen Vorgaben zum einen, dass Intentionalitätsanalysen von Subjekt-Objekt-Modellen, Vorstellungen innerer Wahrnehmung und dem empiristischen Mythos des Gegebenen freizuhalten sind, und zum anderen, dass Sprachgebrauch und Propositionalität als Schlüssel zum Verständnis intentionaler Bewusstseinszustände aufgefasst werden müssen.

Aus der Sicht der analytischen Philosophie des Geistes ist Intentionalität eine Eigenschaft menschlichen Bewusstseins, die sich in Propositionen äußert, welche spezifische Sachverhalte aus einem Prädikationsspielraum beziehungsweise aus dem Bereich möglicher Erfahrung herausgreifen. Die Alltagssprache enthält Bezugnahmen auf Objekte und Sachverhalte in der Form eines mentalistischen Vokabulars, das in seiner Semantik der Außen-innen-Perspektive weitgehend verschlossen bleibt. Diese Gerichtetheit, die sich an vertrauten Ausdrücken wie »glauben«, »wünschen«, »beabsichtigen«, »lieben«, »hassen«, »erläutern«, »überlegen« oder »zustimmen« zeigt, ist auf der Ebene sensorischer Informationsverarbeitung nicht zu erfassen. Intentionalität äußert sich vielmehr als regelgeleitete Praxis beziehungsweise regelgeleitetes Sprachverhalten in der Perspektive der ersten Person. Sellars spricht in diesem Zusammenhang von *pattern-governed behavior*, das durch Klassifikationen und Diskriminationen bestimmt ist und nicht durch einen Objektbezug oder atomare Repräsentationen. Der personale Standpunkt äußert sich in einem sprachlichen Verhalten, mit dem inferentielle Zusammenhänge festgelegt und praktische Reaktionen präformiert werden. Der Begriff der Intentionalität kennzeichnet diese strukturelle Ausrichtung der Sprachpraxis auf einer höheren Ebene.

Die Rekonstruktion des Zusammenhangs von Intentionalität, Propositionalität und Repräsentationalität verleiht der Bestimmung des Ortes menschlichen Bewusstseins in der Welt schärfere Konturen und ist daher auch ein Beitrag zum psychophysischen Problem. Repräsentationen vollziehen sich als Veränderungen im Gehirn, treten im Kontext propositionaler Einstellungen auf und schließen – ungeachtet der Frage, ob sie im Modus ausdrücklichen Bewusstseins präsent sind oder nicht – immer auch eine Erlebnisperspektive ein. Intentionalität und Repräsentationen sind insofern immer schon Veränderungen in der Welt der Ereignisse.

Die Eigenschaft, von etwas handeln zu können, ist im Hinblick auf das psychophysische Problem als ein emergentes Phänomen zu begreifen, das auf physischen Ereignissen superveniert. Daraus kann noch nicht geschlossen werden, dass Intentionalität sich letztlich auf physische Ereignisse reduzieren lasse. Zwischen Intentionalität und ihren physischen Realisierungen besteht vielmehr eine reduktive Asymmetrie. Intentionalität kann auf physische Vorgänge oder Bedingungen zurückgeführt werden, sie kann aber nicht umgekehrt aus den physischen Elementen aufgebaut werden. Es ist dieser Sachverhalt, der gleichermaßen das ursprüngliche Motiv für die Außen-innen-Theorie kenntlich werden lässt und das Primat der Innen-außen-Theorie bei Bewusstseinsanalysen begründet.

In der zweiten Hälfte des 20. Jahrhunderts wird die Leistungsfähigkeit der Naturalisierungsprojekte in der neueren Philosophie des Geistes von Ansätzen infrage gestellt, die sich auf die Innenperspektive und den Erlebnischarakter menschlichen Bewusstseins konzentrieren. Dies geschieht auf dem Wege eines systematischen und semantischen Neuanfangs, der die methodischen Herausforderungen der Naturalisierungsprojekte durchgängig im Blick behält. Der klassischen Bewusstseinsphilosophie der Neuzeit wird allenfalls noch philosophiegeschichtliche Aufmerksamkeit zuteil. Das gilt vor allem für die Theorie des Selbstbewusstseins, der sich die analytische Philosophie schon allein wegen der Verwendung des egologischen Vokabulars nach wie vor nur mit größter Zurückhaltung nähert.

Wesentlich für die neuen Beschäftigungen mit der Innenperspektive menschlichen Bewusstseins ist der Begriff der Qualia. Er wird im Umfeld der analytischen Philosophie des Geistes bei Bewusstseinsanalysen wie bei Lösungsversuchen des psychophysischen Problems dazu eingesetzt, intrinsische Qualitäten des Bewusstseins von Personen anzusprechen. Dem semantischen Ansatz nach sind Qualia mentale Zustände, die sich auf phänomenal gehaltvolle Weise von den Objekten, Eigenschaften und Ereignissen unterscheiden, auf die sie sich beziehen. Mit dem Begriff der Qualia werden phänomenale Zustände menschlichen Bewusstseins in Verbindung gebracht, die durch ihren Erlebnischarakter bestimmt sind – wie etwa Gefühle, Schmerzen, Sinneswahrnehmungen oder Stimmungen.

Das semantische Feld des Begriffs der Qualia umfasst Eigenschaften, die bereits die klassische Bewusstseinsphilosophie thematisiert hat – das gilt insbesondere für die Bestimmungen der Erlebnisperspektivität, der Subjektivität, der Privatheit, des privilegierten Zugangs und der Selbsttransparenz. Obwohl gemeinhin angenommen wird, dass Qualia wesentlich der subjektiven Erlebnisperspektive beziehungsweise dem Standpunkt der ersten Person zuzuordnen sind, werden in den einschlägigen Debatten egologische Begriffe, die sich direkt auf das Selbstverhältnis und die Selbstreferenz beziehen, nur selten herangezogen.

Auch in der Qualia-Debatte findet sich der gegenläufige methodische Rückgriff auf Innen- und Außenperspektive. Dabei ist es der jeweils vertretene Ansatz, der bereits über die Verteilung der Beweislast entscheidet. Vom Standpunkt der Innenperspektive wird an Naturalisierungsprojekten die unzulässige Beschneidung des Phänomenbereichs der Philosophie des Geistes beklagt und eine Erklärung für ein Phänomen verlangt, das es nach Auffassung des Eliminativismus gar nicht gibt. Dagegen erscheinen Qualia vom Standpunkt der ausschließlich an der Außenperspektive ausgerichteten Naturalisierungsprojekte lediglich als Pseudophänomene, deren Existenz so lange zu bestreiten ist, wie sie nicht mittels einer naturalistischen Methode nachgewiesen wird, die Qualia-Verteidiger in dieser Form gerade nicht akzeptieren. Insbesondere am semantischen Feld des Begriffs der Qualia wird bemängelt, dass seine Bestimmungen deskriptiv oder intersubjektiv nicht anschlussfähig seien und in kein Verhältnis zu naturalistischen Weltbeschreibungen gebracht werden könnten.

Bei der semantischen Präzisierung des Begriffs der Qualia wiederholen sich gleichsam im Kleinen die Grundprobleme der Philosophie des Geistes. Das gilt für das psychophysische Problem genauso wie für die Frage nach dem Selbstbewusstsein. Die naturalistisch beeinflussten Überlegungen zu den intrinsischen Qualitäten des Bewusstseins teilen mit Intentionalitätsanalysen zudem die Ausgangsfrage: Wie ist es möglich, dass ein physisches System Bewusstsein ausbildet – und zwar sowohl Bewusstsein von etwas als auch bewusstes Erleben?

Der Begriff der Qualia ist aufs Engste mit der Reduktionsproblematik in der neueren Philosophie des Geistes verbunden. Eliminativisten und Eliminativismuskritiker sind sich darin einig, dass es nicht möglich sei, Qualia zu naturalisieren. Eliminativisten sehen hierin den Anlass, dem Begriff der Qualia die sachliche Grundlage abzusprechen. Dagegen sind für die meisten Eliminativismuskritiker und Nicht-Reduktionisten die intrinsischen Qualitäten des Bewusstseins, gerade weil sie im Rahmen physikalistischer Weltbeschreibungen nicht identifizierbar sind, ein Beweis für die ontologischen Grenzen des Physikalismus. Werden aber Qualia mit einer Sonderontologie – im Sinne einer dem Szientismus nicht zugänglichen Nische – verbunden, dann stehen sich zwei gleichermaßen unattraktive Interpretationswege gegenüber: Entweder bezeichnet der Begriff der Qualia mysteriöse Zustände oder gar nichts.

Mit Ansätzen, die die physikalistischen Eliminationsverfahren zurückweisen und gleichzeitig den Anschein, mysteriöse Zustände zu unterstellen, vermeiden wollen, wird in der Qualia-Debatte der Anfang gemacht. Einflussreiche Einwände gegen den physikalistischen beziehungsweise eliminativistischen Umgang mit dem Phänomen bewussten Erlebens haben Thomas Nagel und Frank Jackson (*1943) formuliert. Ihnen zufolge kann in Naturalisierungsprojekten, die sich an der Außenperspektive orientieren, dem phänomenalen Gehalt menschlichen Erlebens nicht angemessen Rechnung getragen werden. Sie melden grundsätzliche Zweifel gegenüber Theorien an, die Erlebnisse auf räumliche Konfigurationen reduzieren wollen, und beharren darauf, dass es im Fall von Erlebnissen eine Erklärungslücke *(explanatory gap)* gebe, die mit außenperspektivistischen Naturalisierungsversuchen nicht geschlossen werden könne.[56] Es zeichne sich nicht einmal im Ansatz ab, wie neuronale Vorgänge als Basis für den phänomenalen Gehalt von Erlebnissen auftreten können. In der Annahme des wissenschaftlichen Realismus, dass es der Physikalismus sei, der letztlich darüber entscheide, was in der Welt der Fall sei, sehen sie nur ein weiteres empiristisches Dogma.

In der Eliminativismuskritik spielen Unvollständigkeitsargumente eine wichtige Rolle. Sie werden oftmals in der Form von Gedankenexperimenten entwickelt. Am Beginn steht Nagels Frage *What is it like to be a bat?* Sie könne zwar nicht beantwortet werden, aber die Gründe für diesen Umstand seien systematisch überaus aufschlussreich. An ihnen lasse sich das strukturelle Problem eliminativistischer Ansätze verdeutlichen. Das Gedankenexperiment konstruiert die Begegnung mit dem Faktum eines uns letztlich fremd bleibenden Lebens, das sich gleichwohl durch ein Erleben auszeichnet. Diesen Sachverhalt interpretiert Nagel dahingehend, dass es in der Welt der Ereignisse eine Tatsache gebe, die in der Befindlichkeit bestehe, eine Fledermaus zu sein. Dieser Zustand sei keineswegs mysteriös oder ein vernachlässigbares Epiphänomen. Dass wir uns nicht in die Lebensform einer Fledermaus finden können, bedeute keineswegs, dass wir ihr nicht irgendeine Form der Befindlichkeit unterstellen müssen.

Nagel zieht aus der Schwierigkeit, die Fledermausfrage befriedigend zu beantworten, grundsätzliche Konsequenzen für die Philosophie des Geistes. Das Erleben, wie es ist, eine Fledermaus zu sein, ist danach auf eine interne Perspektive beschränkt, die intersubjektiv oder objektiv unzugänglich bleibt. Zwar beruhen wissenschaftliche Erklärungen immer auf Reduktionen, im Fall von Wie-es-ist-Zuständen haben wir es aber mit der Besonderheit zu tun, dass es eine *Tatsache* in der Welt der Ereignisse gibt, die konstruktiv zum Verschwinden gebracht wird, wenn man die interne Perspektive ausklammert. Nagel zufolge führt uns die Lebensform der Fledermäuse vor Augen, dass es Tatsachen des Erlebens *(facts of experience)* gibt, die wir ungeachtet der Frage, ob wir sie in wahrheitswertfähigen Aussagen ausdrücken können, akzeptieren müssen.

Die Reichweite von Nagels Fledermausargument ist sowohl im Hinblick auf die Qualia-Problematik als auch im Hinblick auf das Problem des Fremdpsychischen umstritten. Wahrnehmungszustände von Fledermäusen sind kaum geeignet, zur Aufklärung des phänomenalen Gehalts menschlichen Bewusstseins beizutragen, weil sie sich ganz offensichtlich nicht unter den Bedingungen möglichen Selbstbewusstseins vollziehen. Ohnehin kann eine Person niemals wissen, wie es ist, jemand anders zu sein. Es muss darüber hinaus infrage gestellt werden, ob der Begriff des Erlebnisses, der seiner semantischen Bestimmung nach an die Möglichkeit von Selbstbewusstsein gebunden ist, ohne weiteres auf Lebensformen übertragbar ist, die nicht über die Fähigkeit zu bewussten Selbstverhältnissen verfügen. Eine Fledermaus führt das Leben einer Fledermaus, aber sie hat wohl kein Bewusstsein davon, wie es ist, eine Fledermaus zu sein. Sie wird uns insofern keine Antwort auf die Frage, wie es ist, eine Fledermaus zu sein, geben können. Eigentlich kann erst mit der reflexiven Perspektive der ersten Person von Erlebnissen gesprochen werden. Deshalb bleibt Nagels Fledermausargument in bewusstseinsphilosophischer Hinsicht eine Unterbestimmung.

Es darf in diesem Zusammenhang aber nicht übersehen werden, dass Nagels Kritik an der Unvollständigkeit des eliminativen Physikalismus nicht auf einen subjektiven Rest, sondern auf die *Tatsache* des Erlebens zielt. Er formuliert das Forschungsziel einer objektiven Phänomenologie, die uns aus der Verlegenheit befreien soll, bei der Untersuchung interner Zustände auf Einfühlung oder Phantasie angewiesen zu sein. Er denkt dabei an die Entwicklung einer objektiven Begrifflichkeit, die die Erklärungslücke zwischen subjektivem und objektivem Standpunkt schließt und mit der man beispielsweise auch einer von Geburt an blinden Person erklären könnte, wie es ist, über die Fähigkeit des Sehens zu verfügen.

Frank Jackson nimmt Nagels Anregung auf, eine objektive Phänomenologie zu entwickeln. Er fragt allerdings nicht direkt danach, wie man einer von Geburt an blinden Person das Erlebnis des Sehens erklären kann, sondern versucht zu ermitteln, was den Unterschied zwischen Wissen und Formen des Erlebens ausmacht. Ähnlich wie Nagel will Jackson den

Nachweis erbringen, dass physikalistisches Wissen über die Welt unvollständig ist und den phänomenalen Gehalt wirklichen Erlebens unbestimmt lässt. Im Rahmen des so genannten *knowledge argument* konstruiert er den hypothetischen Fall einer Wissenschaftlerin Mary, die in einem Raum aufwächst, der ausschließlich in Schwarz und Weiß gehalten ist. Sie erlernt aus Lehrbüchern alles, was man über die physische Natur unserer Welt wissen kann. Obwohl ihr Wissen vom physikalistischen Standpunkt aus vollständig zu sein scheint, macht sie dem Gedankenexperiment nach doch eine neue Erfahrung, wenn sie schließlich den Raum verlässt und zum ersten Mal einen roten Gegenstand sieht. Sie lernt, wie es ist, etwas Rotes zu sehen.

Marys neue Erfahrung entspräche genau jenen Tatsachen des Erlebens, auf die sich auch Nagels Überlegungen zur Fledermausfrage richten. Jackson stellt ebenfalls heraus, dass sich hinter Marys Erlebnis ein grundsätzlicher Sachverhalt verbirgt und nicht etwa nur eine psychische Erweiterung oder eine Authentizitätserfahrung. Sie muss nämlich erkennen, dass ihre Vorstellungen von den Erfahrungen anderer Personen überaus verarmt gewesen sind. Ihr ist in allen physikalistischen beziehungsweise neurophysiologischen Rekonstruktionen etwas verborgen geblieben, was den phänomenalen Gehalt menschlichen Bewusstseins ausmacht. Sie hat nicht gewusst, wie es ist, bewusste Erlebnisse von bestimmten Sachverhalten zu haben.

Im Unterschied zu Nagel geht es Jackson nicht um Perspektivendifferenzen, sondern um spezifische Erfahrungstypen. Das Problem bei der Rekonstruktion des phänomenalen Gehalts menschlichen Bewusstseins sei nicht die Unzulänglichkeit der Vorstellungskraft, sondern das Auftreten eines gänzlich eigen gearteten Wissenstypus. Wären die Weltbeschreibungen des Physikalismus vollständig, müssten neurophysiologische Daten ausreichen, um das Erleben anderer Personen verstehen und erklären zu können. Das *knowledge argument* zeige dagegen, dass auch ein vollständiges physikalistisches Wissen nicht das Erlebnis einschließt, das Mary hat, wenn sie den Raum verlässt und zum ersten Mal farbige Gegenstände sieht.

In der neueren Philosophie des Geistes sind noch eine Vielzahl weiterer Gedankenexperimente konstruiert worden. Zu nennen wären die hypothetischen Überlegungen zu einem vertauschten Farbspektrum *(inverted spectrum)*, dem zufolge sich Bewusstseinszustände bei gleicher Funktionsweise in ihrem phänomenalen Gehalt unterscheiden können, sowie zur Abwesenheit von phänomenalem Gehalt unter gleichen physikalischen Bedingungen *(absent qualia)*, mit denen vorgeführt werden soll, dass funktionale Eigenschaften nicht den phänomenalen Gehalt erklären.

Dass in den Qualia-Debatten zahlreiche teilweise doch recht bizarre Gedankenexperimente herangezogen werden, zeigt deutlich die konzeptionellen und begrifflichen Schwierigkeiten, die sich bei der philosophischen Thematisierung des phänomenalen Gehalts menschlichen Bewusstseins auftürmen. An vielen Gedankenexperimenten ist nicht mehr ohne weiteres ersichtlich, welche mentalen Sachverhalte geklärt werden sollen. Der Einsatz von Gedankenexperimenten in der Philosophie des Geistes sollte denn auch unter den generellen Vorbehalt gestellt werden, dass sie auf Einstellungen und Verhaltensweisen von Personen im sozialen Raum so bezogen werden können, dass sich ein explikativer Gewinn einstellt und nicht noch zusätzlicher Erklärungsbedarf erzeugt wird.

In Überlegungen zum phänomenalen Gehalt von Bewusstseinszuständen wird zu Exemplifizierungszwecken oft auf Farbwahrnehmungen zurückgegriffen. Es ist aber fraglich, ob auf diese Weise der Begriff der Qualia gut zu erfassen ist. Zwar ist es in der Philosophie üblich, Farben als sekundäre Qualitäten aufzufassen, doch ist der sprachliche und epistemische Umgang mit Farben keineswegs nur von subjektiven Einstellungen abhängig. Vielmehr beruhen Farbwahrnehmungen vor allem auch auf objektiven Bestimmungen wie der Lichtquelle, der Oberflächenstruktur des erfassten Gegenstands, der neurophysiologischen Ausstattung des jeweiligen sensorischen Apparats sowie den Farbprädikaten einer öffentlichen Sprache. So leistet denn auch das Gedankenexperiment des vertauschten Farbspektrums letztlich keinen Beitrag zur Qualia-Problematik. Sowohl die Person mit dem herkömmlichen Farbspektrum als auch die Person mit dem vertauschten Farbspektrum, in dem rote und grüne Farbe jeweils an die Stelle der anderen treten, werden ihre Erfahrungen nur unter unterschiedlichen neurophysiologischen Bedingungen machen können.

Die Frage nach Sinn und Bedeutung von Qualia kann dahingehend beantwortet werden, dass auf jeden Fall von einer grundsätzlichen Differenz zwischen epistemischen Zuständen, die sich auf empirische Sachverhalte beziehen, und Erlebnissen beziehungsweise dem phänomenalen Gehalt des Bewusstseins ausgegangen werden muss. Insofern haben Qualia-Probleme erkenntnistheoretisch viel mit dem psychophysischen Problem und der epistemischen Asymmetrie zwischen den Standpunkten der ersten und dritten Person zu tun.

Der Beitrag der Qualia-Debatte für die Philosophie des Geistes besteht darin, das Interesse auf Erlebnistatsachen gerichtet zu haben, die nicht bloß vernachlässigbare Reste mentaler Zustände sind, sondern eine Erklärungslücke zwischen den neurophysiologischen Bedingungen von Bewusstseinszuständen und ihrer Erlebnisqualität aufreißen. Bedeutsam ist zudem die Programmatik einer objektiven Phänomenologie, die unter Berücksichtigung des Unterschieds zwischen ontologischer und erkenntnistheoretischer Problemstellung auf rekonstruierbare Kennzeichnungen intrinsischer Qualitäten des Bewusstseins abzielt. Mit dem Begriff der Qualia wird im Übrigen noch keine Vorentscheidung hinsichtlich des psychophysischen Problems getroffen. Anders als gemeinhin angenommen wird, legen Qualia der Bestimmung nach noch keinen Dualismus nahe, sondern verdanken sich zunächst nur dem Unterschied zwischen Erlebnissen und dem Wissen von neurophysiologischen Vorgängen. Dieser Unterschied kann auch im Rahmen einer monistischen Position erfasst werden.

Wenngleich die Qualia-Debatten zumindest in einigen Bereichen der Bewusstseinsanalyse eliminativistische Naturalisierungsprojekte argumentativ zurückgedrängt haben, darf nicht übersehen werden, dass sie in bewusstseinsphilosophischer Hinsicht weitgehend unterbestimmend verlaufen. Das hängt damit zusammen, dass Fragen nach der Selbstreferenz des Bewusstseins – wie sie traditionelle Ansätze aufwerfen – nicht mehr gestellt werden. Für sich allein kann der Begriff der Qualia den phänomenalen Gehalt des Bewusstseins noch nicht vollständig erfassen. Dies ist erst im Rahmen einer bewusstseinsphilosophischen Konzeption möglich, in der die Verläufe menschlichen Bewusstseins als immer schon unter der Bedingung möglichen Selbstbewusstseins stehend in den Blick genommen werden.

In den Qualia-Debatten wird nicht immer sorgfältig genug zwischen Phänomenen menschlichen Bewusstseins und ihren Erklärungen unterschieden. Die Evidenz, die zu Recht mit einigen mentalen Phänomenen verbunden wird, lässt sich nicht auf die Theorien übertragen, die diese thematisieren. Wissen von Bewusstseinszuständen ist grundsätzlich korrigierbar. Es bleibt vor allem hervorzuheben, dass der Begriff der Qualia zwar Unterschiede zwischen Bewusstseinszuständen und bloßen Ereignissen kenntlich macht, aber nicht so trennscharf eingesetzt werden kann, dass mit ihm genuine Eigenschaften menschlichen Bewusstseins zu erfassen sind. Der Ausdruck »Qualia« bezeichnet lediglich mentale Akte und Zustände, die in Beziehung zu einer Wahrnehmungsperspektive stehen müssen. Diese Bedingung wird keineswegs nur von der menschlichen Lebensform erfüllt. Erst mit Intentionalität und möglichem Selbstbewusstsein stellen sich die Erlebnisqualitäten ein, die wir gemeinhin mit menschlichem Bewusstsein verbinden. Phänomenalität beinhaltet immer schon einen possessiven Sinn, und in diesem Verhältnis von Qualia und Selbstbewusstsein ist die bewusstseinsphilosophische Unhintergehbarkeit der Selbstreferenz begründet.

Im eng gezogenen Rahmen der Qualia-Debatten wird es nicht möglich sein, eine objektive Phänomenologie des Erlebnischarakters menschlichen Bewusstseins zu entwickeln. Um die Gegenläufigkeit subjektiver und objektiver Perspektiven sowie die semantischen Unterbestimmungen des phänomenalen Gehalts menschlichen Bewusstseins zu vermeiden, bedarf es semantischer und systematischer Kontextualisierungen, die sich an Bestimmungen der menschlichen Lebensform orientieren. Hier sind vor allem Sprache und Bildung zu nennen. Denn in der Aneignung der menschlichen Lebensform durch die jeweilige Person zeigt sich der Zusammenhang von Selbstbewusstsein, Sprachgebrauch und Selbstzuschreibungen in der Welt der Ereignisse als eine genuine Eigenschaft menschlichen Bewusstseins. Dies lässt sich daran ablesen, dass Kinder das mentalistische und egologische Vokabular erlernen, indem sie es auf andere Personen beziehen. Die Perspektiven der ersten und dritten Person manifestieren sich insofern als epistemische Aspekte ein und derselben Lebensform. In ihr schlägt sich immer schon ein Hintergrundwissen nieder, das von unterschiedlichen Erfahrungstypen Gebrauch macht. Qualia sind denn auch keine Epiphänomene. Ihnen kommt in den Bewusstseinsprozessen und Handlungsvollzügen eine kausale Rolle zu, weil Erlebniszustände im Modus ausdrücklicher Aufmerksamkeit die Einstellung von Personen zu sich und zu den Kontexten ihres Lebens verändern. Sie erweisen sich in Verbindung mit Selbstbewusstsein und Intentionalität als signifikante Bestimmungen menschlichen Bewusstseins.

Interdisziplinäre Herausforderungen:
An den Grenzen der Person

Bioethik der Person

Begriffe, Erträge und Problemstellungen der Philosophie des Geistes finden zunehmend in Diskussionskontexten Berücksichtigung, in denen es um das angemessene Verständnis der menschlichen Lebensform geht. Vor dem Hintergrund gravierender Veränderungen in den modernen Lebensweisen richtet sich die Aufmerksamkeit vor allem auf die Begriffe der Person und des Selbstbewusstseins, die mit den besonderen Ausdrucksformen der menschlichen Lebensform in einen unmittelbaren Zusammenhang gebracht werden.

Aus dem semantischen Feld der traditionellen Subjektphilosophie hat sich allein der Begriff der Person sowohl gegenüber den neostrukturalistischen Dekonstruktionen als auch gegenüber der analytischen Revision des egologischen Vokabulars als resistent erwiesen. Es ist diese Resistenz, die das theoretische und praktische Interesse am Begriff der Person begründet. Er soll der Entfaltung eines rechtfertigungsfähigen Subjektbegriffs dienen, der sich auch in den Anwendungsfällen der Bioethik bewährt.

Der Begriff der Person ist in den letzten Jahrzehnten in den Mittelpunkt bioethischer Konflikte um den richtigen Umgang mit dem entstehenden und vergehenden menschlichen Leben gerückt. Dabei sind drängende Problemstellungen aufgekommen, die den phänomenalen Gehalt des Bewusstseins und seine Fähigkeit der Selbstthematisierung betreffen. Sie hängen mit dem Umstand zusammen, dass die Präsenz von Selbstbewusstsein, die in den Normalfällen des Erwachsenenlebens den Kern personaler Existenz ausmacht, sich in

Fällen des entstehenden und vergehenden Lebens nicht deutlich abzeichnet.

In der Bioethik sind durchaus Zweifel angemeldet worden, ob sich der Begriff der Person angesichts der Verschiedenartigkeit seiner Anwendungen für tragfähige Definitionen und Begründungen eignet. Gleichwohl lässt sich auf einer mittleren Abstraktionsebene der definitorische Konsens verzeichnen, dass eine Person jemand ist, der aus Gründen verstehen und handeln kann. Unter dem Ausdruck »Person« wird dementsprechend ein Akteur im sozialen Raum der Gründe verstanden, der unter normalen Bedingungen über spezifische epistemische, moralische und ästhetische Eigenschaften verfügt. Umstritten bleibt, welche Konsequenzen zu ziehen sind, wenn bei menschlichen Individuen diese Eigenschaften nicht vorliegen beziehungsweise nicht vorzuliegen scheinen.

Es gilt als noch nicht hinreichend geklärt, wie sich die Begriffe der Person und des Menschen zueinander verhalten. Beide Ausdrücke verfügen seit mehr als 2000 Jahren über eine unterschiedliche Begriffsgeschichte. In den letzten Jahrzehnten ist diese Unbezüglichkeit als gleichermaßen semantisches wie praktisches Problem ausgemacht worden. Zumal der Begriff der Person bei Konfliktsituationen im Umgang mit dem entstehenden und vergehenden Leben, die durch die Abwesenheit epistemischer, moralischer und ästhetischer Einstellungen gekennzeichnet sind, seine diskriminatorische Schärfe verliert. Gleichwohl ist unstrittig, dass wir es in diesen Fällen immer mit menschlichem Leben zu tun haben. Dabei kommt es im Fall des entstehenden Lebens – etwa bei der Bestimmung der Bewusstseinsschwelle – sowie im Fall des vergehenden Lebens – etwa beim Umgang mit nicht mehr mitteilungsfähigen Patienten – zu Schwierigkeiten, die auch auf Fragen des Fremdpsychischen zurückverweisen.

Oftmals ist das spannungsreiche Verhältnis der semantischen Felder von »Mensch« und »Person« zusätzlich dadurch belastet, dass es in einen unmittelbaren Zusammenhang mit der

Anerkennung beziehungsweise Aberkennung von Lebensrecht gebracht wird. Diese Unterstellung ist sachlich nicht begründet. In der Begriffsgeschichte von »Person« geht es zwar auch um Fragen der Zurechenbarkeit und Verpflichtung, es werden aber in der Perspektive der Anerkennung oder der Aberkennung des Personstatus keine Grundsatzentscheidungen über Leben und Tod gefällt. Erst in den neueren Debatten wird – in der Regel ohne weitere Begründung – von einem notwendigen Zusammenhang zwischen Personalität und Lebensrecht ausgegangen. Nicht zuletzt aufgrund dieser Zuspitzung ist das Verhältnis der Begriffe »Mensch« und »Person« zu einem drängenden theoretischen und praktischen Problem geworden.

Bei der näheren Bestimmung des Verhältnisses von »Mensch« und »Person« sind gegenwärtig fünf Theorietypen zu unterscheiden: der essenzialistische Ansatz, der speziesistische Ansatz, der Lebensinteresseansatz, der Fähigkeitenansatz und der szientistische Eliminativismus. Der essenzialistische Ansatz steht in einer Tradition, die durch starke metaphysische Vorannahmen geprägt ist, und begreift »Mensch« und »Person« als synonyme Wesensbestimmungen beziehungsweise als deckungsgleiche Artbegriffe. Seine Vertreter halten einschränkungslos daran fest, dass Menschen zu allen Zeiten ihres Daseins Personen sind, und widersetzen sich mit Entschiedenheit jeglicher semantischer Ausdifferenzierung, weil sie hier die Gefahr sehen, dass die metaphysische Dignität des Menschen relativiert werde. Auch der speziesistische Ansatz geht von einer semantischen Konvergenz zwischen »Mensch« und »Person« aus, die er jedoch nicht von metaphysischen Grundlegungen abhängig macht. Menschen sind dieser Position zufolge aufgrund ihrer biologischen Bestimmung Personen und somit Adressaten von moralischen Verpflichtungen.

Essenzialismus und Speziesismus sind auf einflussreiche Weise von einem Ansatz zurückgewiesen worden, in dessen Zentrum Empfindungsfähigkeit und Lebensinteresse stehen.

Die Kritik, dass die normative Auszeichnung des Menschen schlicht auf einem biologistischen Vorurteil beruhe und die Empfindungsfähigkeit nichtmenschlicher Kreaturen missachte, hat die bioethische Auseinandersetzung um den Personbegriff zusätzlich entfacht. Die Anhänger des Lebensinteresseansatzes verbinden die Frage nach dem Personstatus überdies mit der Anerkennung von Lebensrecht und weisen darauf hin, dass im Fall von schwerstgeschädigten Neugeborenen das Lebensinteresse keineswegs höher zu veranschlagen sei als bei großen Menschenaffen. Dieser Ansatz gilt als Radikalisierung der auf Locke zurückgeführten Traditionslinie der semantischen Ausdifferenzierungen zwischen »Mensch« und »Person«.

Auch der Fähigkeitenansatz differenziert zwischen »Mensch« und »Person«, verknüpft dies jedoch nicht mit der Frage nach dem Lebensrecht. Ihm zufolge entfalten sich Menschen im Verlauf ihres Lebens als Personen, indem sie in die Lage versetzt werden, spezifische Fähigkeiten und Eigenschaften zu erwerben. Die Vertreter dieser Theorie gehen von einem engen, aber nicht notwendigen Verhältnis zwischen »Mensch« und »Person« aus. Zwar müssten Menschen nicht notwendigerweise voll entfaltete Personen und Personen nicht notwendigerweise Menschen sein, aber unter normalen biologischen und sozialen Bedingungen wird sich jeder Mensch zur Person entwickeln. Dieses Verhältnis unterscheidet die menschliche Lebensform von allen anderen bekannten Lebensformen.

Der Fähigkeitenansatz grenzt die biologischen Funktionen menschlichen Lebens von Eigenschaften und Fähigkeiten personalen Lebens – wie Intelligenz, Emotivität, Selbstbewusstsein, Zeitbewusstsein, Selbstverständnis, Intentionalität, Sprache, Handlungsfreiheit, Rationalität, wechselseitige Anerkennung oder Kontemplation – ab. Für bioethische Diskussionen ist relevant, dass in einer Vielzahl von Fällen diese Eigenschaften und Fähigkeiten noch nicht oder nicht mehr vorliegen. Deshalb operiert der Fähigkeitenansatz hinsichtlich moralischer Verpflichtungen mit einer Möglichkeits-klausel, die zwischen momentanem Zustand einer Person und ihren psychischen sowie epistemischen Fähigkeiten unterscheidet. Moralische Verpflichtungen bestehen danach gegenüber werdenden Personen genauso wie gegenüber Personen, die – für welche Zeiträume auch immer – nicht über Selbstbewusstsein verfügen.

Der szientistische Eliminativismus steht in einem antagonistischen Verhältnis zu den anderen Theorietypen. Er lässt sich nicht auf Bestimmungen personalen Lebens ein und zieht von vornherein die sachlichen Grundlagen des Personbegriffs in Zweifel. Methodisch orientiert er sich an der Geschlossenheitsthese, mit der sich seit dem 17. Jahrhundert szientistisch vereinfachte Menschenbilder verbinden – vom *l'homme machine* bis zum *Homo cerebralis*. In den gegenwärtigen Auseinandersetzungen um das psychophysische Problem tritt er vor allem in Gestalt eines neurophilosophischen Eliminativismus auf, der unter anderem am Beispiel der Frage nach der Willensfreiheit die buchstäbliche Grundlosigkeit traditioneller Annahmen zum personalen Standpunkt vorführen will. Resultate der neueren naturwissenschaftlichen Forschungen werden dahingehend ausgelegt, dass Selbstbewusstsein und personale Identität letztlich nur Anordnungen von Nervenzellen seien. Gegen den szientistischen Ansatz können aus der Perspektive der Philosophie des Geistes die Argumente ins Feld geführt werden, die bereits gegen den eliminativistischen Materialismus eingesetzt worden sind. Danach operiert der Eliminativismus mit Modellen, die vom Ansatz her alle die Eigenschaften und Fähigkeiten konstruktiv ausschließen, die das Leben einer Person ausmachen.

In der Bioethik der Person geht es letztlich darum, die Semantik von »Mensch« und »Person« vor dem Hintergrund einschneidender Veränderungen menschlicher Lebensweisen zu entfalten. Dabei ergeben sich aufgrund von wissenschaftlich-technischen Fortschritten – etwa in der Stammzellforschung oder bei der intensivmedizinischen Lebensverlängerung –

zahlreiche erkenntnistheoretische Problemstellungen, da bioethische Analysen und Bewertungen sich auf Zustände personalen Lebens beziehen, bei denen Selbstbewusstsein oder reflektierte Bewusstseinszustände noch nicht oder nicht mehr nachweisbar sind.

Erkenntnistheoretisch hat es die Bioethik der Person mit Problemsituationen zu tun, die strukturell denen des Fremdpsychischen ähneln: Der sichere Zugang zum Leben einer Person kann nur in der Perspektive der ersten Person, Singular, Präsens, Indikativ, Aktiv erfolgen, Aussagen aus der Perspektive der dritten Person stehen dagegen immer unter einem Zweifelsverdacht. Bioethische Fragestellungen unterscheiden sich von denen des Fremdpsychischen darin, dass sie lediglich spezifische Abschnitte des menschlichen oder personalen Lebens und die ethischen Konsequenzen betreffen, die aus den jeweiligen Bewertungen zu ziehen sind. Die Bioethik kann dabei nicht auf epistemische Sicherheiten der Alltagssprache zurückgreifen, deren Semantik auf den Umgang mit personalem Leben jenseits möglichen Selbstbewusstseins nicht gut vorbereitet ist.

Das der Bioethik der Person eigentümliche Problemsyndrom besteht darin, dass die biologische Entwicklung des Menschen, epistemische und erkenntnistheoretische Sicherheiten beziehungsweise Unsicherheiten bei der Beurteilung von Bewusstseinszuständen nicht mitteilungsfähiger Personen sowie moralische Bewertungen nicht ohne weiteres aufeinander abzubilden sind. Bioethische Analysen stoßen auf eine Vielzahl von Einschränkungen, die sich aus der epistemischen Asymmetrie von Selbstbewusstsein und Fremdbewusstsein ergeben, so dass bei Fällen des entstehenden und vergehenden Lebens unklar bleibt, von welchen Bewusstseinsformen im Einzelnen auszugehen ist. Dabei ist mit Abstufungen zu rechnen: Eine Person kann unfähig sein, aktiv ihr Leben zu führen, und dennoch über Selbstbewusstsein oder zumindest Formen von Bewusstsein verfügen.

Es ist versucht worden, die Kluft zwischen Abschnitten der

biologischen Entwicklung und moralischer Zuschreibung beziehungsweise zwischen den Potenzialen menschlichen Lebens und moralischer Anerkennung durch Argumente zu überbrücken, die Kontinuität oder Identität zwischen früheren und späteren Zuständen einer Person begründen sollen. Ausgangspunkt ist der Grundsatz, dass die zeitliche Extension der Person weiter reicht als der Bereich ihres ausdrücklichen Bewusstseins. Der Interessenansatz lehnt diesen Grundsatz ab und beschränkt seine Zuschreibungspraxis auf den Gehalt der zum jeweiligen Zeitpunkt vorliegenden Empfindungs- und Erlebnisvermögen. Insofern entsteht auch im Bereich der Bioethik der Person der grundsätzliche methodische Konflikt der Theorie personaler Identität zwischen Ansätzen, die sich an der Oberfläche menschlichen Bewusstseins orientieren[57], und Positionen, die in explikativer Absicht eine mentale Tiefenstruktur unterstellen.[58]

Bei Fragen des entstehenden und vergehenden Lebens ist die Differenz zwischen semantischen Identifikationen und moralischen Anerkennungen zu beachten. Der Begriff der Person ist ein semantisches Mittel zur Kennzeichnung einer spezifischen Form des Lebens. Bei seiner Anwendung müssen zwei Sachverhalte auseinander gehalten werden: die wechselvolle Entwicklung eines Menschen zur Person sowie die moralischen Verpflichtungen, die gegenüber Personen und Nicht-Personen bestehen. Denn Adressaten moralischer Verpflichtungen sind keineswegs auf den Kreis von Personen beschränkt – man denke etwa an umweltethische oder tierethische Problemstellungen.

Zwar ist nicht von der Hand zu weisen, dass wir Personen bislang nur in Gestalt von Menschen kennen. Daraus kann aber nicht der Schluss gezogen werden, dass die biologische Eigenschaft, Exemplar des *Homo sapiens sapiens* zu sein, unmittelbar moralische Verpflichtungen begründet. Wer sich zu dieser Folgerung entschließt, setzt sich nicht nur der Gefahr eines naturalistischen Fehlschlusses aus, sondern liest zudem zumindest implizit in die biologische Art die Fähigkeiten und

Eigenschaften hinein, die der Mensch erst im sozialen Raum erwirbt und entfaltet.

Gleichwohl bleiben biologische Sachverhalte auch in der philosophischen Analyse nicht ohne Auswirkungen. Wenn Embryonen eine Entwicklungsrichtung beziehungsweise organische Individualität aufweisen, können sie nicht mehr als bloße Zellhaufen behandelt werden. Allerdings kann auf den Embryo zunächst nur der Begriff der numerischen Einheit des Organismus angewandt werden, der gerade nicht hinreichend ist, um die Identität der Person über die Zeit hinweg zu erfassen. Dazu bedarf es noch der Konzeptionen der Identität des Selbstbewusstseins über die Zeit hinweg und der praktischen Einheit der Person in der Zeit.

An der Entwicklung einer Person lässt sich unschwer sehen, dass sich der Begriff personaler Identität nicht auf die biologische Identität oder die Identität des Körpers reduzieren lässt. Vielmehr müssen in den Begriff der Person gleichermaßen deskriptive wie normativ-praktische Bestimmungen eingehen.[59] Die Annahme einer Kontinuität des menschlichen Lebens schließt qualitative Veränderungen ein, die in diskontinuierlichen Prozessen erfolgen. Ein Embryo durchläuft Phasen qualitativer Veränderungen, denen zeitlich eingrenzbare Identifikationssituationen fehlen, die wiederum Anlass für normative Auszeichnungen sein könnten. Es kann immer gefragt werden, warum gerade diese Veränderung an dieser Zeitstelle den Beginn der moralischen Verpflichtung begründe. Auf die epistemischen Unsicherheiten an den Grenzen der Person kann nach erkenntniskritischer Abwägung nur praktisch reagiert werden. Wir werden zumindest in absehbarer Zeit keine neuen Tatsachen entdecken, die uns aus diesen epistemischen Unsicherheiten befreien.

Auch der Umgang mit dem vergehenden menschlichen Leben ist mit tief greifenden epistemischen Unsicherheiten belastet. Zwischen dem voll entfalteten Bewusstseinsleben einer selbstbewussten Person und dem Ende ihres bewussten Lebens können Dämmerzonen entstehen – etwa bei schweren

Demenzerkrankungen oder komatösen Zuständen –, in denen die Konturen entfalteter Personalität verschwimmen, ohne dass schon das Ende bewussten Lebens zu diagnostizieren ist. Es zeigen sich noch eine Reihe von personalen Eigenschaften, denen die Kontinuität, aber keineswegs die Eigenheit fehlt. Vor allem kann nicht gesagt werden, wie es ist, sich in einem Bewusstseinszustand zu befinden, der nicht in der Kontinuität eines Lebensplans steht, aber über die Eigenschaften der Aufmerksamkeit und Wertung verfügt.

Bereits Michel de Montaigne (1533–1592) und Jean-Jacques Rousseau beschreiben einen Aufmerksamkeitszustand, dem die explizite Selbstthematisierung genauso fehlt wie eine Kontinuitätsvorstellung.[60] Man könnte diesen Zustand als *Selbstbewusstsein ohne Selbst* umschreiben. Die durch Selbstreferenz ermöglichte Konsistenz und Kohärenz der Wahrnehmung liegt vor, ohne dass die Instanz der Wahrnehmung eigens thematisiert würde. In den Dämmerzonen des verletzten und beschädigten Bewusstseins verlieren Kontinuitäts- und Zeitbestimmungen offenbar entscheidend an Bedeutung, und dennoch haben wir es immer noch mit einem personalen Leben zu tun.

Ungeachtet der mannigfachen praktischen und konzeptionellen Schwierigkeiten, die die bioethischen Herausforderungen mit sich bringen, hat sich der Begriff der Person in seiner grundlegenden Funktion bei der Selbstverständigung über die menschliche Lebensform bislang als alternativlos erwiesen. Der szientistische Eliminativismus hat daran nichts geändert, wenngleich seine Kritik anspruchsvollere Begründungsverfahren in der Philosophie des Geistes genauso wie in der Bioethik erzwungen hat. Das wirkt sich dahingehend aus, dass in den philosophischen Analysen stärker die Nähe zur Lebenspraxis gesucht wird und einschlägige naturwissenschaftliche Resultate schneller Berücksichtigung finden.

Die Philosophie des Geistes reagiert bereits seit dem 17. Jahrhundert auf naturwissenschaftliche Herausforderungen. In den vergangenen Jahrzehnten kann insofern eine neue Entwicklung verzeichnet werden, als es zu einer spezifischen Annäherung von Bereichen der analytischen Philosophie des Geistes und den so genannten Neurowissenschaften gekommen ist, die sich vermehrt den Problemstellungen der Philosophie der Psychologie zugewandt haben. Mit dem Begriff der Neurowissenschaften wird ein nicht klar definiertes Ensemble von naturwissenschaftlichen Disziplinen beziehungsweise Teildisziplinen angesprochen, die das Nervensystem und die Funktionen des Gehirns untersuchen. Exemplarisch für die Komplexität des neurowissenschaftlichen Ansatzes ist die Neurobiologie, in der etwa Methoden aus der Neurologie genauso zum Einsatz kommen wie aus der Molekularbiologie.

Mittlerweile hat sich der Ausdruck »Neurophilosophie« eingebürgert, hinter dem sich das Theorieprogramm einer Zusammenführung von Philosophie des Geistes und Neurowissenschaften verbirgt. Der Ausdruck ist wesentlich von Patricia Churchland propagiert worden, die damit eine dem eliminativen Materialismus verpflichtete Konzeption der Philosophie des Geistes verfolgt.[61] Sie stellt sich damit dem viel beachteten Versuch von John C. Eccles (1903–1997) und Karl R. Popper (1902–1994) entgegen, die die Erträge der Neurowissenschaften mit einem Interaktionismus, der gleichermaßen an der Differenzthese und der Wechselwirkungsthese festhält, für vereinbar gehalten haben.[62]

Churchland sucht die Nähe zu den Neurowissenschaften und etabliert einen materialistischen Grundton in der Neurophilosophie. Sie richtet sich in erster Linie gegen die lebensweltlichen Vorstellungen von Personen und die darauf aufbauenden Ansätze der philosophischen Psychologie. Das in der Alltagssprache enthaltene egologische und mentalistische

Vokabular ist ihr zufolge schlicht falsch und muss sukzessiv durch neurowissenschaftliche Begriffe ersetzt werden. Die Ersetzung der Alltagspsychologie durch neurowissenschaftliche Modelle und Termini gilt in den eliminativistischen Varianten der Neurophilosophie als konstruktive Verbindung von Philosophie des Geistes und Neurowissenschaften.

Die Herausforderung der eliminativistischen Neurophilosophie und der entsprechenden Projekte der Neurowissenschaften besteht darin, dass sie revisionäre Erwartungen wecken, indem sie neurowissenschaftliche Befunde als Antworten auf philosophische Fragestellungen ausgeben. Sie sehen sich dabei durch technische Innovationen, naturwissenschaftliche Entdeckungen und neuartige Experimente bestärkt. Zu nennen sind die neuen bildgebenden Verfahren der Hirnforschung, mit denen neuronale Aktivitäten einer aufmerksamen und ansprechbaren Person dreidimensional darstellbar sind, sowie der experimentelle Nachweis von Phänomenen wie Blindsicht oder Synästhesie. Unter Blindsicht wird die Fähigkeit von Personen verstanden, trotz einer durch Verletzung oder Erkrankung hervorgerufenen partiellen Blindheit häufiger auf Objekte in dem betroffenen Bereich des Gesichtsfeldes zu reagieren als vollständig blinde Personen. Als Synästhesie wird eine Überblendung verschiedener sensorischer Informationen bezeichnet, die beispielsweise zu einer Verschmelzung von Zuständen des Hörens oder Lesens mit Farbwahrnehmungen führt. Es ist nachgewiesen worden, dass bei Personen, die behaupten, sie könnten beim Hören von Worten Farben sehen, mehr Gehirnareale aktiv sind, als im Normalfall zu erwarten gewesen wäre.

Neurophilosophen und Neurowissenschaftler haben Phänomene wie Blindsicht und Synästhesie so gedeutet, dass unsere Wirklichkeitsvorstellungen nicht von einer Außenwelt hervorgerufen werden, sondern auf Ausblendungen und Konstruktionen des Gehirns beruhen. Diese Deutung geht von dem einfachen Modell aus, dass das Material menschlicher Erfahrung lediglich aus sensorischen Reizen bestehe,

die das Gehirn in weitgehend undifferenzierter Form erreichen und erst dort zu Weltmodellen verarbeitet werden.

Beim einfachen Konstruktionsmodell wird übersehen, dass
neuronale Mikromechanismen zwar Voraussetzungen von
Wahrnehmungen sind, aber nicht über einen semantischen
Gehalt verfügen. Deshalb können Wahrnehmungen von Personen nicht einfach als bloße Resultate von Mechanismen der
Mikrowelt ausgegeben werden. Neuronale Vorgänge auf der
einen Seite und das Sehen von Farben oder das Hören einer
Melodie auf der anderen Seite lassen sich nicht unmittelbar in
Beziehung setzen. Es sind Personen, die in der Welt Erfahrungen machen und handeln. Wahrnehmungen oder Erfahrungen können sich nicht ohne Gehirnaktivitäten vollziehen,
aber der Umstand, dass an sensorischen Reizen nicht die Qualitäten ersichtlich sind, die wir mit wahrgenommenen Objekten verbinden, bedeutet keineswegs, dass Wahrnehmungen
keine objektiven Entsprechungen haben. Neuronale Vorgänge erleben für sich nichts und sind auch nicht in der Lage,
ein Weltmodell aus sich heraus zu erschaffen. Die Verfechter
der Konzeptionen neuronaler Welterzeugungen übersehen,
dass es die neurowissenschaftlichen Begrifflichkeiten und Erklärungen sind, die auf Modellierungen und Konstruktionen
beruhen. Menschliche Erfahrung ist zwar auch von Konstruktionen der Alltagssprache abhängig, sie vollzieht sich
aber *in* der Lebenswelt und nicht unabhängig von ihr.

Während die eliminativistischen Varianten der Neurophilosophie und Neurowissenschaften das subjektive Erleben von
Personen gemeinhin als vernachlässigbares Phänomen behandeln, sind in der zweiten Hälfte des 20. Jahrhunderts
Forschungsprojekte entstanden, in denen die Beziehungen
zwischen Erlebnissen und Gehirnprozessen experimentell
untersucht werden. Dabei spielt die neurowissenschaftliche
Entdeckung, dass Handlungsabsichten messbare Veränderungen in der Gehirnaktivität vorausgehen, eine wichtige
Rolle. In mittlerweile berühmten Experimenten ist Benjamin
Libet (*1916) von dieser Entdeckung ausgegangen, um der

Innenperspektive menschlichen Bewusstseins neurowissenschaftlich auf die Spur zu kommen. Anders als oft unterstellt, verfolgt er dabei keine eliminativistischen Strategien. Vielmehr begreift er das psychophysische Problem in seiner inhaltlichen Komplexität und fragt danach, wie physische Aktivitäten der Nervenzellen bewusstes Erleben erzeugen können.

Die Libet-Experimente werden von der Überzeugung getragen, dass es möglich ist, die Beziehung zwischen Gehirnprozessen und subjektivem Erleben neurowissenschaftlich zu identifizieren.[63] Um das Untersuchungsziel erreichen zu können, muss Libet einen in den naturwissenschaftlichen Arbeitsfeldern unüblichen Schritt unternehmen und die subjektive Berichtsperspektive in sein Experiment einbauen. Er lässt Personen eine Uhr beobachten und fordert sie auf, willkürlich die Hand zu heben, wobei sie sich im Augenblick des Entschlusses die Stellung des Uhrzeigers einzuprägen haben. Die Bewegung des Handmuskels und das Bereitschaftspotenzial im motorischen Kortex werden messtechnisch abgeleitet. Das Experiment operiert mit fünf Elementen: dem Bewusstsein der Entscheidung, die Hand zu heben, der Wahrnehmung der Handbewegung, dem Beginn der Handbewegung, der Aktivität des Armmuskels und dem Bereitschaftspotenzial. Die zeitlichen Beziehungen der Elemente stellen sich dem Versuch nach so dar, dass das Bewusstsein der Entscheidung dem Bewusstsein des Bewegungsbeginns und der Handbewegung vorausgeht, die subjektive Wahrnehmung des Bewegungsbeginns vor dem Beginn der Muskelaktivität einsetzt und diesem Ablauf noch das Bereitschaftspotenzial vorgeordnet ist, das sich schon vor dem Bewusstsein der Entscheidung, die Hand zu heben, aufzubauen beginnt. Die Vorgängigkeit des Bereitschaftspotenzials deutet Libet als entscheidenden Hinweis darauf, dass das Gehirn Handlungen unbewusst einleitet.

Libets Befund einer vorgängigen Gehirnaktivität ist von vielen Vertretern der Neurophilosophie und Neurowissenschaften im Sinne der grundsätzlichen These verstanden worden, dass die Annahme von Willensfreiheit keine sachliche Grundlage habe: Nicht die Person entscheide und handle, sondern ein Mikromechanismus ihres Gehirns, der darüber hinaus noch die Illusion von Urheberschaft und Selbstbewusstsein erzeuge. Extreme Formen neurowissenschaftlicher Eliminationsstrategien gehen davon aus, dass Personen letztlich nur ein Ensemble von Nervenzellen und dazugehörigen Molekülen seien.[64] Damit sind die selbstbezüglichen Interpretationen der Neurowissenschaften wieder beim Standpunkt des harten physikalistischen Determinismus angekommen, dem zufolge alles, was in der Welt vor sich geht, für alle Zeiten und Räume kausal festgelegt ist. Handlungen seien ausschließlich Ereignisse in einem kausal geschlossenen Raum, der für menschliche Freiheit keinen Platz lasse.

Gegen den physikalistischen Determinismus sind eine Reihe von Einwänden geltend gemacht worden. Wesentliche Kritikpunkte beziehen sich auf seine erkenntnistheoretische Unbestimmtheit, seine Elimination von Reflexionsverhältnissen sowie seine empirisch nicht einlösbaren Verallgemeinerungen. Es sind dies Einwände, die immer wieder gegen Theorien erhoben worden sind, die sich ausschließlich an der Geschlossenheitsthese ausrichten.

Der Eliminativismus der Neurophilosophie und Neurowissenschaften begeht zudem einen atomistischen Fehlschluss, wenn er unterstellt, man könne aus kleinsten Elementen neuronaler Mikromechanismen einen personalen Standpunkt aufbauen. Aus der Zurückführbarkeit von Sachverhalten auf grundlegende Elemente folgt keineswegs, dass die Welt davon ausgehend wieder zusammengesetzt werden könnte. Ohnehin verhindert die Formel *nichts anderes als*, die im Kontext der Geschlossenheitsthese immer wieder auftaucht, von vornherein, dass eine Beschreibungs- und Erklärungsebene erreicht wird, auf der Personen *als* Personen vorkommen. Wenn gesagt wird, dass Bewusstsein nichts anderes als ein neuronales Aktivitätsmuster sei, dann wird Begriffen wie

»Selbstbewusstsein«, »Intentionalität« oder »Qualia« der semantische Gehalt entzogen. Dieser Abzug ist konstruktiv nicht mehr rückgängig zu machen. Neurowissenschaftliche Eliminativisten suchen in diesem Zusammenhang Zuflucht zu einer eigentümlichen Metaphorik und behandeln das Gehirn als eine Quasi-Person, die Entscheidungen vorbereitet, Handlungen einleitet und Illusionen erzeugt.

In den neurophilosophischen und neurowissenschaftlichen Verbindungen von Eliminativismus und globalem Determinismus wird nicht zuletzt der grundsätzliche Sachverhalt übersehen, dass empirische Befunde weder ihre eigene Interpretation enthalten noch spezifische Theorien festlegen. Die syntaktischen und semantischen Mittel von Theoriesprachen sind beschränkt. Das Verhältnis zwischen Tatsachen und Theorien ist das wechselseitiger Unterbestimmung.

Libet hat selbst keine eliminativistischen Konsequenzen aus seinen Experimenten abgeleitet. Er räumt ein, dass es eine Erklärungslücke zwischen physischen und psychischen Phänomenen gebe, und verweist ausdrücklich auf die Überlegung von Leibniz, dass die vollständige Kenntnis der materiellen Beschaffenheit des Gehirns nicht die Erlebnisperspektive der jeweiligen Person anzeige.[65] Seine Experimente deutet er zwar so, dass es keinen freien Willen gebe, der eine Handlung einleitet[66], der agierenden Person sei es aber immerhin möglich, die Bewegungsausführung aufzuhalten. Ihr bewusstes Veto sei eine Steuerungsfunktion, die vom Empfinden der Handlungsabsicht unterschieden werden müsse. Aufgrund dieser Einwirkungsmöglichkeit ist für Libet Willensfreiheit nach wie vor eine theoretische Option.

Die Libet-Experimente widersprechen einer Sichtweise von Willensfreiheit, die einen ursprünglichen Akt ausdrücklichen Bewusstseins als Impuls für eine Handlung unterstellt. Diese Annahme wird zu Recht zurückgewiesen. Davon ist aber keineswegs die philosophische Freiheitstheorie insgesamt betroffen. Unter ihren Ansätzen finden sich keine, die von dem einfachen Modell eines unabhängigen Impulsgebers ausgehen. In Libets Versuchsaufbau sind darüber hinaus eine Reihe von Voraussetzungen eingegangen, die aus der Perspektive der Philosophie des Geistes überaus problematisch sind. Das gilt in besonderem Maße für die konstitutive Funktion, die in den Experimenten der subjektiven Berichtsperspektive zugewiesen wird, um den Zeitpunkt des Empfindens der Bewegungsabsicht zu ermitteln. Es ist zu bezweifeln, dass es überhaupt einen solchen Bewusstseinszustand gibt. Personen handeln – wenn sie handeln – ihren Absichten gemäß und nehmen nicht erst an sich eine Absicht wahr, um sie dann anschließend zu realisieren.

Der interdisziplinäre Dialog zwischen Philosophie des Geistes und Neurowissenschaften gestaltet sich deshalb so schwierig, weil neuronale Vorgänge im Gehirn und subjektives Erleben von Personen theoretisch offenbar nicht zur Deckung gebracht werden können. Dennoch kann von einer Herausforderung durch die Neurowissenschaften gesprochen werden, weil sie die Philosophie des Geistes zu einer Überprüfung ihrer Grundsätze und Methoden nötigt. Diese Herausforderung führt allerdings nicht zu einer Revision – wie sich insbesondere im Fall der Libet-Experimente gezeigt hat. Eine nicht unwesentliche Rolle für das Verhältnis von Philosophie des Geistes und Neurowissenschaften spielen im Übrigen Vermutungen darüber, was von Letzteren zukünftig noch zu erwarten ist. Die Hauptströmungen der Neurowissenschaften gehen davon aus, dass das Phänomen menschlichen Bewusstseins naturwissenschaftlich auf hinreichende Weise beschrieben und erklärt werden könne. In den Bereichen der Philosophie des Geistes, die eliminativistischen Projekten skeptisch gegenüberstehen, wird dagegen unterstellt, dass Erlebnisse als solche naturwissenschaftlich unzugänglich bleiben. Die Skepsis leitet sich nicht nur von dem grundsätzlichen Unterschied zwischen Lebenswelt und Befunden der Hirnforschung ab. Es wird auch auf die hohe Komplexität des Gehirns und die immensen Abstände aufmerksam gemacht, die zwischen den jeweiligen Untersuchungsebenen der neuronalen Mikrowelt und phänomenalen Makrowelt bestehen.

Ungeachtet grundsätzlicher methodischer Unterschiede sind Formen der Arbeitsteilung zwischen Philosophie des Geistes und Neurowissenschaften denkbar. Das erfordert Korrekturen auf beiden Seiten. Auch wenn neuronale Ereignisse noch keinen Aufschluss über Erlebnisse oder phänomenale Gehalte geben, ist nicht von der Hand zu weisen, dass Erträge der Hirnforschung in vielen Fällen den Spielraum der philosophischen Begriffs- und Theoriebildung beträchtlich verengen. Neurowissenschaftliche Experimente sind wiederum mit ungeklärten semantischen und systematischen Voraussetzungen belastet und können von sich aus noch keine grundsätzlichen Probleme der Philosophie des Geistes lösen.

Für die Philosophie des Geistes wirkt sich die neurowissenschaftliche Herausforderung gleichermaßen als Korrektur und Anstoß aus. Sie dürfte auch zu dem gewachsenen Interesse an der Philosophie des Geistes beigetragen haben. Schließlich entzieht der Sachverhalt, dass Veränderungen in den neuronalen Zuständen zu Veränderungen des Bewusstseins führen, Begriffen wie »Erlebnis«, »Selbstbewusstsein«, »personale Identität«, »Intentionalität« oder »Qualia« nicht die sachliche Grundlage. Lediglich die Idee eines unabhängigen Impulsgebers in den Tiefen des Gehirns steht zur Disposition. Sie verliert durch die vielfältigen Nachweise der Abhängigkeit des Bewusstseins von neuronalen Prozessen entscheidend an Plausibilität – soweit sie in der Philosophie überhaupt unterstellt worden ist.

Künstliche Intelligenz und Robotik

Im Umfeld der Künstliche-Intelligenz-Forschung und Robotik ist zum Ende des letzten Jahrhunderts eine Debatte um die technische Ersetzbarkeit des Menschen geführt worden. Im Zuge dieser Debatte werden unter dem Eindruck neuester technischer Entwicklungen der Robotik Szenarien entworfen, die die Überbietung der Intelligenzleistungen menschlicher Personen durch neue Robotergenerationen für die nähere Zukunft voraussagen. Es sei zudem eine Entwicklungslogik von Intelligenz auszumachen, die auf die Selbstabschaffung menschlicher Intelligenz hinauslaufe. Zwischen menschlichem Bewusstsein und künstlicher Intelligenz bestehe nämlich kein grundsätzlicher, sondern lediglich ein gradueller Unterschied, der aufgrund des technischen Fortschritts langfristig zu Ungunsten des Menschen ausfallen müsse. Dem Entwicklungspotenzial eines *Robo sapiens* könne die menschliche Gattung letztlich nichts entgegensetzen.[67]

Der Ersetzbarkeitsdebatte und den neurowissenschaftlichen Auseinandersetzungen um die Willensfreiheit ist gemein, dass sich in beiden Bereichen reduzierte Vorstellungen von Bewusstsein und Intelligenz etabliert haben. Die semantischen Nivellierungen des Unterschieds zwischen genuin menschlichen Eigenschaften und maschinellen Funktionszusammenhängen werden wiederum zum Anlass genommen, eine grundsätzliche Revision herkömmlicher Menschenbilder einzufordern.

Im Mittelpunkt der Ersetzbarkeitsdebatte stehen revisionäre Vorstellungen zum Bewusstsein, die von einer strukturellen Ähnlichkeit zwischen menschlicher und künstlicher Intelligenz ausgehen. In der öffentlichen Wahrnehmung werden Ähnlichkeitsvorstellungen durch so genannte humanoide Roboter bestärkt, deren Design sich zumindest entfernt an der menschlichen Gestalt orientiert und die in der Lage sind, einzelne Bewegungsabläufe von Menschen zu simulieren.

Die Ähnlichkeitsvorstellungen der KI-Forschung und Robotik werden von einem semantischen Instrumentalismus gestützt, der sich in exemplarischer Ausformung bei Dennett findet. Der Ansatz ist dadurch gekennzeichnet, dass er referenzielle Abhängigkeiten bewusstseinsphilosophischer Grundbegriffe sprachpragmatisch aufhebt. Bekanntlich geht es dabei nicht um den Nachweis, ob ein System tatsächlich über Intentionalität verfügt, sondern lediglich darum, welche sprachlichen Einstellungen für Vorhersagen seiner Zustände nützlich sind. Der Adressatenkreis von Intentionalitätszuschreibungen wird vom semantischen Instrumentalismus beträchtlich ausgeweitet. Er schließt Pflanzen, die sich nach der Sonne richten, und Tiere, die das Verhalten anderer Tiere simulieren, genauso ein wie Computer, die Züge in Strategiespielen ausführen.

Der Gewinn des semantischen Instrumentalismus für die Ähnlichkeitsthese besteht darin, dass er den Blick von internen Zuständen einer Person oder eines Systems ablenkt. Vertreter der KI-Forschung und Robotik sehen sich durch den semantischen Instrumentalismus legitimiert, Bestimmungen, die sich ursprünglich auf Personen beziehen, nunmehr auch auf technische Systeme anzuwenden. Bei der Beschreibung von komplexen Vorgängen der Informationsverarbeitung greifen sie auf ein Vokabular zurück, das quasi-intentionale Zustände technischer Systeme nahe legt. Es wird nicht nur von künstlicher Intelligenz gesprochen, sondern auch von Absichten und Freiheitsgraden autonomer Roboter. Diese semantischen Transformationen überdecken die grundlegende Differenz, die zwischen menschlichen Personen und künstlichen Systemen besteht.

Die KI-Forschung verzichtet auf die Klärung, was Bewusstsein, Intelligenz und Intentionalität von Personen im Einzelnen auszeichnet, und simuliert Intelligenz, ohne wirklich sagen zu können, worin sie besteht. Sie orientiert sich an dem Austausch von Informationen und setzt sich nicht mit der Fähigkeit von Personen auseinander, bewusst nach Gründen zu differenzieren und zu handeln. Entscheidende Bedeutung kommt in diesem Zusammenhang der Konstruktion der Umweltmodelle des Roboters zu. Sie entscheidet über das jeweilige technische Medium, die damit einhergehende Sensorik und den im Rahmen von Fehlerkorrekturen festgelegten Spielraum für die Zustände des Roboters. Die selektiven Umweltmodelle ermöglichen es dem Roboter, in einem festgelegten Bereich Bewegungen auszuführen, ohne permanent äußerer Kontrolle unterworfen zu sein. Die künstlichen Umweltmodelle der Robotik sind Enklaven in der sozialen Lebenswelt von Personen. Sie dürfen aber nicht mit ihr verwechselt werden.

Die These der Ähnlichkeit von menschlicher und künstlicher Intelligenz ist unbegründet. Das Bewusstsein von Personen zeichnet sich durch die Eigenschaften aus, sich auf etwas beziehen, über etwas urteilen und sich nach etwas richten zu können. Diese Eigenschaften sind bislang weder bei anderen Lebensformen noch bei technischen Systemen nachgewiesen worden. Roboter und Systeme künstlicher Intelligenz sind nicht imstande, sich bewusst auf Sachverhalte zu beziehen, Handlungen auszuführen oder Einstellungen wie Freude, Empörung, Reue oder Scham einzunehmen. Wie alle technischen Systeme unterliegen sie ausschließlich Ursache-Wirkungs-Verhältnissen, und es gibt bislang keinen Anlass für die Annahme, dass sie in den Raum der Gründe eintreten könnten.

In der Debatte um die Ersetzbarkeit des Menschen wird mit der Möglichkeit gerechnet, dass die Weiterentwicklung humanoider Roboter schließlich zu künstlichen Personen führen werde. Wenn solche Wesen in der Lage wären, selbstbewusst im Raum der Gründe zu agieren, dürften sie aber nicht länger wie Maschinen oder technische Sklaven behandelt werden. Selbstbewusstsein und die Fähigkeit, sich zu Gründen verhalten zu können, sind hinreichende Bedingungen für moralische Verpflichtungen. Künstliche Personen müssten wie menschliche Personen als Zwecke an sich anerkannt werden. Sie dürften nicht als bloßes Mittel ihnen äußerlicher Zwecke behandelt werden. Wenn ernsthaft Projekte der künstlichen Erzeugung von Bewusstsein erwogen werden sollen, müsste zunächst nach rechtfertigungsfähigen Gründen für die technische Erzeugung neuer Bewusstseinsformen gefragt werden.

Aus den Herausforderungen von KI-Forschung und Robotik sollte die Philosophie den Schluss ziehen, sich in interdisziplinär zugänglicher Weise verstärkt Selbstverständigungen über die menschliche Lebensform zuzuwenden. Sie muss zeigen, dass über die menschliche Lebensform nicht aus der Perspektive eines äußeren Beobachters, der empirische Daten auswählt und zusammenstellt, befunden werden kann. Den dünnen Beschreibungen eliminativistischer Ansätze sind dichte Beschreibungen der Fähigkeiten und Eigenschaften von Personen entgegenzustellen. Dichte Beschreibungen unterscheiden sich von dünnen Beschreibungen durch die Berücksichtigung der Teilnehmerperspektive beziehungsweise der Innenperspektive der menschlichen Lebensform. Auf diese Weise eröffnet sich der Zugang zu Phänomenen wie Selbstbewusstsein, Intentionalität oder der Fähigkeit, sich zu Gründen zu verhalten, die in der dünnen Beschreibung des äußeren Beobachters fehlen.

Anmerkungen

1 Siehe Descartes, Meditationes II.

2 Siehe Descartes, Discours de la méthode V.

3 Siehe Descartes, Discours de la méthode V. 12, und Meditationes VI.

4 Siehe Leibniz, Monadologie, § 17.

5 Siehe Chalmers, The Conscious Mind, S. XIf.

6 Siehe Leibniz, Nouveaux Essais II.

7 Siehe Hobbes' zweiten Einwand gegen Descartes' zweite Meditation.

8 Siehe La Mettrie, L'homme machine, S. 77.

9 Siehe d'Holbach, Système de la nature I.

10 Siehe La Mettrie, L'homme machine, S. 94.

11 Siehe Carnap, Die physikalische Sprache als Universalsprache der Wissenschaft.

12 Siehe Feigl, The »Mental« and the »Physical«.

13 Siehe Feigl, The »Mental« and the »Physical«, S. 110f.

14 Siehe Davidson, Essays on Actions and Events, Essay 11.

15 Rorty ist von dieser Position mittlerweile abgerückt.

16 Siehe Nagel, Mortal Questions, Essay 12.

17 Siehe McGinn, The Mysterious Flame, 2. Kapitel.

18 Siehe Stephan, Emergenz.

19 Siehe Kim, Supervenience and Mind.

20 Siehe Ryle, The Concept of Mind; Sellars, Empiricism and the Philosophy of Mind.

21 Siehe Wittgenstein, Das Blaue Buch; Philosophische Untersuchungen.

22 Siehe Hegel, Vorlesungen über die Geschichte der Philosophie III. 2.

23 Siehe Descartes, Meditationes I und II.

24 Der Begriff der Monade ist bei Leibniz keine ausschließliche Bestimmung der Philosophie des Geistes und seine Extension nicht auf Personen beschränkt.

25 Die Position der Selbsttransparenz des Bewusstseins ist in der sprachanalytischen Philosophie als These von der *self-intimacy of experiences* bezeichnet worden.

26 Siehe Locke, An Essay Concerning Human Understanding II. 27.

27 Siehe Reid, Essays on the Intellectual Powers of Man, Essay III.

28 Siehe Hume, A Treatise of Human Nature, Appendix.

29 Siehe Lichtenberg, Schriften und Briefe II, S. 412.

30 Siehe Nietzsche, Jenseits von Gut und Böse I, §§ 16, 17.

31 In der neueren Philosophie wird in diesem Zusammenhang von einer *self-referential inconsistency* gesprochen.

32 Siehe Rimbaud, Œuvres complètes, S. 249.

33 Siehe Tugendhat, Selbstbewußtsein und Selbstbestimmung, S. 68 ff.

34 Siehe Kant, Kritik der reinen Vernunft, § 16.

35 Siehe Kant, Kritik der reinen Vernunft, B 404.

36 Siehe Fichte, Grundlage der gesamten Wissenschaftslehre, und ders., Versuch einer neuen Darstellung der Wissenschaftslehre; Schelling, Vom Ich als Princip der Philosophie.

37 Siehe Kant, Preisschrift über die Fortschritte in der Metaphysik, S. 268; vgl. Sturma, Philosophie der Person, S. 138 ff.

38 Siehe Kant, Kritik der reinen Vernunft, B 420.

39 Siehe Wittgenstein, Das Blaue Buch, S. 114.

40 Siehe Ryle, The Concept of Mind, S. 11 ff.

41 Siehe Castañeda, The Phenomeno-Logic of the I, Essay 1.

42 Siehe Tugendhat, Selbstbewußtsein und Selbstbestimmung, S. 87 ff.

43 Siehe Evans, The Varieties of Reference, S. 256 f.

44 Schwierigkeiten beim Umgang mit Fremdpsychischem thematisiert die neuere Philosophie des Geistes auch mithilfe des Begriffs der Qualia.

45 Siehe Strawson, Individuals I. 3.

46 Siehe Brentano, Psychologie vom empirischen Standpunkt, 2. Buch, 1. Kapitel.

47 Siehe Husserl, Logische Untersuchungen II, 20.

48 Siehe Husserl, Logische Untersuchungen V, 2. Kapitel.

49 Siehe Haugeland, Having Thought, S. 162.

50 Siehe Dretske, Naturalizing the Mind.

51 Siehe Millikan, Language, Thought, and Other Biological Categories.

52 Siehe Papineau, Philosophical Naturalism.

53 Siehe Dennett, Brainstorms, und ders., The Intentional Stance.

54 Siehe Searle, The Rediscovery of the Mind, 3. Kapitel.

55 Siehe Searle, Minds, Brains and Science II.

56 Vgl. Levine, Purple Haze.

57 Dieser Ansatz kennzeichnet die empiristische und utilitaristische Theorielinie von John Locke bis Peter Singer (*1946).

58 Dieser Zugang zum Phänomen personaler Identität kennzeichnet die Positionen von Leibniz oder Kant genauso wie die von Nagel.

59 Siehe Sturma, Philosophie der Person, Kap. VI.

60 Siehe Montaigne, Essais II. 6; Rousseau, Les rêveries du promeneur solitaire II.

61 Siehe Patricia S. Churchland, Neurophilosophy.

62 Siehe Popper/Eccles, The Self and Its Brain.

63 Siehe Libet, Mind Time, S. 23 f.

64 Siehe Crick, The Astonishing Hypothesis.

65 Siehe Libet, Mind Time, S. 195.

66 Siehe Libet, Mind Time, S. 175.

67 Siehe Moravec, Mind Children, und Kurzweil, The Age of Spiritual Machines.

Kommentierte Bibliografie

Quellen

Aristoteles: De Anima – Über die Seele, griech.-dt., hg. von H. Seidl, Hamburg 1995.

Franz Brentano: Psychologie vom empirischen Standpunkt, Hamburg 1973.

Rudolf Carnap: Die physikalische Sprache als Universalsprache der Wissenschaft, in: Erkenntnis 2 (1932).

René Descartes: Discours de la méthode, in: Œuvres de Descartes, Bd. 6, hg. von Ch. Adam und P. Tannery, Paris 1973 (dt.: Von der Methode des richtigen Vernunftgebrauchs und der wissenschaftlichen Forschung, frz.-dt., Hamburg 1997).

René Descartes: Meditationes de prima philosophia, in: Œuvres de Descartes, Bd. 7, hg. von Ch. Adam und P. Tannery, Paris 1973 (dt.: Meditationen über die Grundlagen der Philosophie. Mit den sämtlichen Einwänden und Erwiderungen, Hamburg 1994).

Herbert Feigl: The »Mental« and the »Physical«. The Essay and a Postscript, Minneapolis 1967.

Johann Gottlieb Fichte: Grundlage der gesamten Wissenschaftslehre, in: Gesamtausgabe, Bd. I.2, Stuttgart/Bad Cannstatt 1965.

Johann Gottlieb Fichte: Versuch einer neuen Darstellung der Wissenschaftslehre, in: Gesamtausgabe, Bd. I.4, Stuttgart/Bad Cannstatt 1970.

Georg Wilhelm Friedrich Hegel: Phänomenologie des Geistes, in: Werke, Bd. 3, Frankfurt a. M. 2003.

Georg Wilhelm Friedrich Hegel: Vorlesungen über die Geschichte der Philosophie III, in: Werke, Bd. 20, Frankfurt a. M. 2003.

Thomas Hobbes: Objectiones ad Cartesii Meditationes, in: Opera philosophica, Bd. V, Aalen 1966 (dt. in: René Descartes, Meditationen über die Grundlagen der Philosophie. Mit den sämtlichen Einwänden und Erwiderungen, Hamburg 1994).

Thomas Hobbes: Elementorum philosophiae. Sectio prima. De corpore, in: Opera philosophica, Bd. I, Aalen 1966 (dt.: Elemente der Philosophie. Erste Abteilung: Der Körper, Hamburg 1997).

Paul Henri Thiry d'Holbach: Système de la nature ou des lois du monde physique et du monde moral, Hildesheim 1994 (dt.: System der Natur oder Von den Gesetzen der physischen und der moralischen Welt, Frankfurt a. M. 1978).

David Hume: A Treatise of Human Nature, hg. von L. A. Selby-Bigge und P. H. Nidditch, Oxford 1990 (dt.: Eine Unters.ichung über den menschlichen Verstand, Hamburg 1984).

Edmund Husserl: Logische Untersuchungen, Tübingen 1993.

Immanuel Kant: Kritik der reinen Vernunft, in: Kants gesammelte Schriften, hg. von der Preußischen Akademie der Wissenschaften, Bde. 3 und 4, Berlin 1903/04.

Immanuel Kant: Preisschrift über die Fortschritte in der Metaphysik, in: Kants gesammelte Schriften, hg. von der Preußischen Akademie der Wissenschaften, Bd. 20, Berlin 1942.

Julien Offray de La Mettrie: L'Homme machine. Die Maschine Mensch, frz.-dt., Hamburg 1990.

Gottfried Wilhelm Leibniz: Nouveaux Essais sur l'Entendement humain, in: Die philosophischen Schriften, Bd. V, hg. von C. J. Gerhardt, Hildesheim 1978 (dt.: Neue Abhandlungen über den menschlichen Verstand, in: Philosophische Schriften, Bd. III, Frankfurt a. M. 1986).

Gottfried Wilhelm Leibniz: La Monadologie, in: Die philosophischen Schriften, Bd. VI, hg. von C. J. Gerhardt, Hildesheim 1978 (dt. in: Monadologie und andere metaphysische Schriften, frz.-dt., Hamburg 2002).

Emmanuel Lévinas: Totalité et Infini. Essay sur l'extériorité, Den Haag 1961 (dt.: Totalität und Unendlichkeit. Versuch über die Exteriorität, Freiburg/München 1987).

Georg Christoph Lichtenberg: Schriften und Briefe, Bd. 2, hg. von W. Promies, München 1971.

John Locke: An Essay Concerning Human Understanding, hg. von P. H. Nidditch, Oxford 1975 (dt.: Über den menschlichen Verstand, Hamburg 1976).

Michel de Montaigne: Essais, in: Œuvres complètes, hg. von A. Thibaudet und M. Rat, Paris 1962 (dt.: Essais, Frankfurt a. M. 1998).

Friedrich Nietzsche: Jenseits von Gut und Böse, in: Sämtliche Werke, Bd. 5, München 1980.

Platon: Phaidon, griech.-dt., hg. von B. Zehnpfennig, Hamburg 1991.

Thomas Reid: Essays on the Intellectual Powers of Man, Edinburgh 2002.

Arthur Rimbaud: Œuvres complètes, hg. von A. Adam, Paris 1972 (dt.: Sämtliche Werke, frz.-dt., Frankfurt a. M. 2004).

Jean-Jacques Rousseau: Les rêveries du promeneur solitaire, in: Œuvres complètes, Bd. I, hg. von B. Gagnebin und M. Raymond, Paris 1959 (dt.: Die Träumereien des einsamen Spaziergängers, in: Werke, Bd. II, Düsseldorf 1996).

Gilbert Ryle: The Concept of Mind, London 1949 (dt.: Der Begriff des Geistes, Stuttgart 1969).

Jean-Paul Sartre: L'être et le néant. Essai d'ontologie phénoménologique, Paris 1943 (dt.: Das Sein und das Nichts. Versuch einer phänomenologischen Ontologie, Reinbek 1993).

Friedrich Wilhelm Joseph Schelling: Vom Ich als Princip der Philosophie oder über das Unbedingte im menschlichen Wissen, in: Sämmtliche Werke, Bd. 1, Stuttgart/Augsburg 1856.

Wilfrid Sellars: Empiricism and the Philosophy of Mind, Cambridge, Mass. 1997 (dt.: Der Empirismus und die Philosophie des Geistes, Paderborn 1999).

Peter F. Strawson: Individuals. An Essay in Descriptive Metaphysics, London 1959 (dt.: Einzelding und logisches Subjekt. Ein Beitrag zur deskriptiven Metaphysik, Stuttgart 1972).

Ludwig Wittgenstein: Das Blaue Buch, in: Werkausgabe, Bd. 5, Frankfurt a. M. 1984.

Ludwig Wittgenstein: Philosophische Untersuchungen, in: Werkausgabe, Bd. 1, Frankfurt a. M. 1984.

Christian Wolff: Vernünfftige Gedancken von Gott, der Welt und der Seele des Menschen, auch allen Dingen überhaupt (Deutsche Metaphysik), in: Gesammelte Werke, Bd. I.2, Hildesheim 2003.

Forschungsliteratur

Maxwell R. Bennett, P. M. S. Hacker: Philosophical Foundations of Neuroscience, Oxford 2003.

Hector-Neri Castañeda: The Phenomeno-Logic of the I. Essays on Self-Consciousness, Bloomington, Ind. 1999.

David Chalmers: The Conscious Mind, Oxford 1996.

Thomas Christaller u. a.: Robotik. Perspektiven für menschliches

Handeln in der zukünftigen Gesellschaft, Berlin/Heidelberg/New York 2001.

Patricia S. Churchland: Neurophilosophy: Toward a Unified Science of the Mind-Brain, Cambridge, Mass. 1986.

Paul M. Churchland: The Engine of Reason, the Seat of the Soul, Cambridge, Mass. 1995 (dt.: Die Seelenmaschine. Eine philosophische Reise ins Gehirn, Heidelberg/Berlin 2001).

Francis Crick: The Astonishing Hypothesis. The Scientific Search for the Soul, New York 1994 (dt.: Was die Seele wirklich ist. Die naturwissenschaftliche Erforschung des Bewußtseins, Reinbek 1997).

Donald Davidson: Essays on Actions and Events, Oxford 1980 (dt.: Handlung und Ereignis, Frankfurt a. M. 1985).

Daniel C. Dennett: Brainstorms. Philosophical Essays on Mind and Psychology, Hassocks 1978.

Daniel C. Dennett: The Intentional Stance, Cambridge, Mass. 1987.

Fred Dretske: Naturalizing the Mind, Cambridge, Mass. 1995 (dt.: Naturalisierung des Geistes, Paderborn 1998).

Gareth Evans: The Varieties of Reference, Oxford 1982.

John Haugeland: Having Thought. Essays in the Metaphysics of Mind, Cambridge, Mass. 1998.

Frank Jackson: Mind, Method and Conditionals. Selected Essays, London/New York 1998.

Jaegwon Kim: Supervenience and Mind. Selected Philosophical Essays, Cambridge/New York 1993.

Ray Kurzweil: The Age of Spiritual Machines, London 1999 (dt.: Homo s@piens. Leben im 21. Jahrhundert. Was bleibt vom Menschen?, Köln 1999).

Joseph Levine: Purple Haze. The Puzzle of Consciousness, Oxford 2001.

Benjamin Libet: Mind Time. The Temporal Factor in Consciousness, Cambridge, Mass. 2004 (dt.: Mind Time. Wie das Gehirn Bewusstsein produziert, Frankfurt a. M. 2005).

Colin McGinn: The Mysterious Flame. Conscious Minds in a Material World, New York 1999 (dt.: Wie kommt der Geist in die Materie? Das Rätsel des Bewusstseins, München 2001).

Ruth Garrett Millikan: Language, Thought, and Other Biological Categories. New Foundations for Realism, Cambridge, Mass. 1984.

Hans Moravec: Mind Children. The Future of Robot and Human

Intelligence, Cambridge, Mass. 1988 (dt.: Mind Children. Der Wettlauf zwischen menschlicher und künstlicher Intelligenz, Hamburg 1990).

Thomas Nagel: Mortal Questions, Cambridge 1979 (dt.: Letzte Fragen, Bodenheim 1996).

David Papineau: Philosophical Naturalism, Oxford 1993.

Karl R. Popper, John C. Eccles: The Self and Its Brain. An Argument for Interactionism, London 1977 (dt.: Das Ich und sein Gehirn, München 1982).

John R. Searle: Minds, Brains and Science, London 1984 (dt.: Geist, Hirn und Wissenschaft, Frankfurt a. M. 1986).

John R. Searle: The Rediscovery of the Mind, Cambridge, Mass. 1992 (dt.: Die Wiederentdeckung des Geistes, Zürich 1995).

Achim Stephan: Emergenz. Von der Unvorhersagbarkeit zur Selbstorganisation, Dresden 1999.

Dieter Sturma: Philosophie der Person. Die Selbstverhältnisse von Subjektivität und Moralität, Paderborn 1997.

Ernst Tugendhat: Selbstbewußtsein und Selbstbestimmung. Sprachanalytische Interpretationen, Frankfurt a. M. 1979.

Einführende Darstellungen

Ansgar Beckermann: Analytische Einführung in die Philosophie des Geistes, Berlin 1999. – Die Einführung vermittelt einen umfassenden Überblick über die Debatten und Methoden der gegenwärtigen analytischen Philosophie des Geistes.

Martin Carrier, Jürgen Mittelstraß: Geist, Gehirn, Verhalten. Das Leib-Seele-Problem und die Philosophie der Psychologie, Berlin 1989. – Die systematische Einführung in Grundprobleme der Philosophie des Geistes erfolgt mit wissenschaftstheoretischer Schwerpunktsetzung.

Jaegwon Kim: Philosophy of Mind, Boulder 1996 (dt.: Philosophie des Geistes, Wien / New York 1998). – Der Band bietet eine klare systematische Übersicht zu den Grundproblemen der neueren Philosophie des Geistes.

Sammelbände

Peter Bieri (Hg.): Analytische Philosophie des Geistes, Königstein/Ts. 1981. – Der systematisch ausgerichtete Band zur analytischen Philosophie des Geistes vermittelt nach wie vor einen guten Überblick zu Hauptströmungen der Philosophie des Geistes.

Ned Block, Owen Flanagan, Güven Güzeldere (Hg.): The Nature of Consciousness. Philosophical and Scientific Essays, Cambridge, Mass. 1996. – Der umfangreiche Sammelband enthält eine Vielzahl von bereits klassischen Beiträgen der neueren Philosophie des Geistes.

Frank Esken, Heinz-Dieter Heckmann (Hg.), Bewußtsein und Repräsentation, Paderborn 1998. – Der Sammelband stellt das breite thematische Spektrum neuerer Auseinandersetzungen mit dem Phänomen der Repräsentationalität vor.

Samuel Guttenplan (Hg.): A Companion to the Philosophy of Mind, Oxford 1994. – In der repräsentativen Enzyklopädie sind eine Vielzahl der thematischen Artikel von prominenten Vertretern der entsprechenden Debatten verfasst worden.

Heinz-Dieter Heckmann, Sven Walter (Hg.): Qualia. Ausgewählte Beiträge, Paderborn 2001. – Der Sammelband gibt einen Überblick zur angloamerikanischen Qualia-Debatte.

Thomas Metzinger (Hg.): Bewußtsein. Beiträge aus der Gegenwartsphilosophie, Paderborn 1995. – Der umfassende Überblick zur neueren analytischen Philosophie des Geistes berücksichtigt besonders Themen angrenzender empirischer Wissenschaften.

Michael Pauen, Gerhard Roth (Hg.): Neurowissenschaften und Philosophie. Eine Einführung, Paderborn 2001. – Der Sammelband vereinigt Beiträge, die sich mit Konsequenzen neuerer Entwicklungen der Neurowissenschaften für die Philosophie auseinander setzen.

Michael Quante (Hg.): Personale Identität, Paderborn 1999. – Die Anthologie dokumentiert zentrale Arbeiten aus der neueren analytischen Philosophie der Person.

Dieter Sturma (Hg.): Person. Philosophiegeschichte – Theoretische Philosophie – Praktische Philosophie, Paderborn 2001. – Die Beiträge des Bandes umfassen das breite disziplinäre Spektrum der Philosophie der Person und berücksichtigen Erträge der kontinentaleuropäischen wie der angloamerikanischen Philosophie.

Dieter Sturma (Hg.): Philosophie und Neurowissenschaften, Frankfurt a. M. 2006. – Der Sammelband enthält Originalbeiträge, die sich aus der Sicht der Philosophie den neurowissenschaftlichen Herausforderungen stellen.

Schlüsselbegriffe

Atomistischer Fehlschluss Der atomistische Fehlschluss beruht auf der Verwechslung von konstruktiven Reduktionsbestimmungen mit kleinsten Elementen, von denen angenommen wird, dass sich aus ihnen die ganze Welt – einschließlich des Bewusstseins von ihr – aufbauen lasse. Für den Fehlschluss ist die Formel *x ist nichts anderes als y* kennzeichnend (→Reduktion, Eliminativismus).

Differenzthese Die Differenzthese behauptet, dass Erlebnisse keine Ereignisse seien. Die Differenzthese kann sich in ontologischer, erkenntnistheoretischer und sprachphilosophischer Weise ausdrücken (→Doppelaspekttheorie, Dualismus).

Doppelaspekttheorie Die Doppelaspekttheorie verbindet einen ontologischen Monismus mit einem erkenntnistheoretischen Dualismus. Sie unterstellt, dass auch in einem monistischen System epistemische Differenzen nicht eliminierbar seien.

Dualismus Ein ontologischer Dualismus geht von einem irreduziblen Unterschied zwischen Körper und Bewusstsein aus. Unter einem erkenntnistheoretischen Dualismus ist die Auffassung zu verstehen, dass die epistemischen Zugangsweisen zu Körper und Bewusstsein verschieden sind. Der erkenntnistheoretische Dualismus kann daher mit einem ontologischen Monismus einhergehen (→Differenzthese, Doppelaspekttheorie).

Egologisches Vokabular Das egologische Vokabular umfasst die mit philosophischen Bedeutungen versehenen substantivierten Formen der Ausdrücke »ich« und »selbst« sowie damit einhergehende Wortverbindungen und Possessivpronomen.

Eliminativismus Der Eliminativismus schließt durch begriffliche oder methodische Ausgrenzungen eigentlich zu erklärende Phänomene und Sachverhalte aus dem Gegenstandsbereich einer Theorie aus (→Reduktion).

Emergenz   Der Begriff der Emergenz bezeichnet das Auftauchen von Phänomenen, deren Eigenschaften nicht aus der Kenntnis ihrer Konstitutionselemente vorhergesagt werden können.

Epiphänomenalismus   Der Epiphänomenalismus vertritt die Auffassung, dass es Wirkungen vom Physischen auf das Psychische gibt, aber nicht umgekehrt.

Geist   Der Begriff des Geistes bezeichnet eine selbstreferenzielle Ordnung. In der neueren Philosophie des Geistes wird der Begriff als Synonym für menschliches Bewusstsein verwendet.

Geschlossenheitsthese   Die Geschlossenheitsthese behauptet, dass körperliche Veränderungen sich ausnahmslos nach Maßgabe naturwissenschaftlich erklärbarer Gesetzmäßigkeiten vollziehen.

Intentionalität   Intentionalität ist die Bezugnahme des Bewusstseins auf etwas. Intentionales Bewusstsein richtet sich auf Sachverhalte oder handelt von Sachverhalten. Das intentionale Korrelat muss nicht existieren.

Mentale Verursachung   Unter mentaler Verursachung werden die Wirkungen von Erlebnissen auf Ereignisse verstanden. In der gegenwärtigen Philosophie des Geistes ist umstritten, ob es mentale Verursachungen gibt.

Mentalistisches Vokabular   Das mentalistische Vokabular besteht aus Ausdrücken für Einstellungen und Zustände menschlichen Bewusstseins wie »glauben«, »zweifeln«, »wünschen«, »erwarten« oder »fürchten«.

Monismus   Der Ausdruck »Monismus« bezeichnet die Auffassung, dass alle Phänomene auf ein Grundprinzip zurückzuführen seien. Psychisches und Physisches gehören danach derselben ontologischen Ordnung an.

Naturalismus   Der Naturalismus unterstellt, dass alles, was der Fall ist, Teil einer natürlichen Ordnung sei. Ansätze des integrativen Naturalismus lassen im Unterschied zu physikalistischen oder eliminativistischen Ansätzen nicht die jeweils herrschenden Naturwissenschaften darüber entscheiden, was der Fall ist.

Physikalismus   Der Physikalismus behauptet, dass alles, was der Fall ist, in der Sprache der Physik beschrieben und erklärt werden könne.

Propositionale Einstellung   Die propositionale Einstellung ist das epistemische Verhältnis von Personen zu Sachverhalten, das sich sprachlich in Sätzen ausdrückt, die sich aus einem nichtpropositionalen Teil – *S glaubt* – und einem propositionalen Teil – *dass p* – zusammensetzen.

Qualia   Als Qualia bezeichnet man die introspektiv zugänglichen, phänomenalen Qualitäten von Erlebniszuständen wie Sehen, Hören, Fühlen oder Empfinden.

Reduktion   Reduktion ist die konstruktive Zurückführung von Sachverhalten, Begriffen und Theorien auf andere Sachverhalte, Begriffe, Theorien oder Erklärungsmodelle. Wenn die Konstruktionsabhängigkeit der Reduktion nicht beachtet wird, können Fehlschlüsse entstehen (→atomistischer Fehlschluss, Eliminativismus, referenzieller Fehlschluss).

Referenzieller Fehlschluss   Beim referenziellen Fehlschluss wird der Unterschied zwischen empirischen Anzeichen für Sachverhalte *(evidence)* und der Bedeutung *(reference)* von Begriffen für diese Sachverhalte übersehen, was zu Verwechslungen von Erlebnissen und Informationen über die mit diesen Erlebnissen zusammenhängenden physischen Vorgänge führt.

Reifizierung   Unter einer Reifizierung ist eine sprachliche Verdinglichung zu verstehen. Sie kommt dadurch zustande, dass Substantiven unterstellt wird, jeweils für ein Ding oder eine Sache zu stehen. Beispiele für fehlerhafte Reifizierungen sind Verwendungen der Ausdrücke »Ich« oder »Selbst«, die mit der Substantivierung von Pronomen den Bezug zu einem mentalen Objekt unterstellen.

Supervenienz   Der Begriff der Supervenienz bezeichnet in der Philosophie des Geistes eine asymmetrische Abhängigkeit psychischer Zustände von physischen Zuständen. Es ist umstritten, wie die Abhängigkeit konkret gedeutet werden muss.

Wechselwirkungsthese   Die Wechselwirkungsthese geht davon aus, dass Erlebnisse und Ereignisse miteinander interagieren.

Zeittafel

Antike

Platon (428/27–348/47 v. u. Z.), Aristoteles (384–322 v. u. Z.) und die Stoa entwickeln philosophische Theorien der Seele. Das Leib-Seele-Problem wird aufgeworfen. Panaitios von Rhodos (ca. 185–110 v. u. Z.) entwirft eine Philosophie der Person.

Mittelalter

Die Auseinandersetzungen der antiken Philosophie mit dem Leib-Seele-Problem werden weiterentwickelt. Augustinus (354–430) führt den systematischen Begriff der Innerlichkeit ein und leistet Vorarbeiten zum Cogito-Argument. Tertullian (ca. 160–nach 220) und Boëthius (ca. 480–524) überführen den antiken Begriff der Person in die Theorieperspektive der traditionellen Metaphysik.

Neuzeit

Descartes (1596–1650) entfaltet im Rahmen von erkenntnistheoretischen Überlegungen das Cogito-Argument. Mit dem Dualismus von Descartes, dem Monismus von Hobbes (1588–1679) und dem Parallelismus von Leibniz (1646–1716) stellt sich das moderne Körper-Bewusstsein-Problem. Locke (1632–1704) begründet die Theorie personaler Identität. Der französische Materialismus entwirft eine eliminativistische Programmatik. Kant (1724–1804) entwickelt eine systematische Theorie des Selbstbewusstseins. Im deutschen Idealismus werden Systeme der Philosophie des Geistes ausgearbeitet. Brentano (1838–1917) führt den Begriff der Intentionalität in die Bewusstseinsanalysen ein.

Husserl (1859–1938) entwickelt phänomenologische Bewusstseins-analysen. Der logische Empirismus führt neue Naturalisierungsstra-tegien in die Philosophie des Geistes ein. Wittgenstein (1889–1951), Ryle (1900–1976) und Sellars (1912–1989) vollziehen in der Philoso-phie des Geistes den *linguistic turn*. Die Künstliche-Intelligenz-For-schung wird intensiviert. Es entwickeln sich die Ansätze des logi-schen Behaviorismus, der Identitätstheorie, des Funktionalismus, des eliminativen Materialismus und der Neurophilosophie. Die Neurowissenschaften wenden sich Grundproblemen der Philosophie des Geistes zu.

Danksagung

Für sachkundige Ratschläge und tatkräftige Hilfe bei der Entstehung des Buches habe ich vor allem Francesca Raimondi, Katinka Schulte-Ostermann und Ulrich Steckmann zu danken. Ebenso gilt mein Dank Sandra Peters und Jan-Hendrik Heinrichs für wertvolle Hinweise sowie den Studierenden meiner Essener Lehrveranstaltungen für nie versiegende Nachfragen und Einwände. Nicht zuletzt möchte ich Maria Koettnitz und Anke Schild für die geduldige Unterstützung bei der Drucklegung danken.